alfredissimo!

Kochen mit Bio

Da schaut man gerne in die Röhre!

AUS DEM OFEN

Auflauf, Quiche & Co.

Die beliebtesten Ofenrezepte aus der alfredissimo!-Küche

MOEWIG

INHALT

PRAKTISCH, VIELSEITIG, GUT

... und aus meiner Küche nicht wegzudenken. Das galt für meinen Backofen nicht immer. Denn ich war eigentlich nie der „Bäcker", sondern liebe es, in Töpfen zu rühren und dem Gelingen meiner Kochversuche aktiv beizuwohnen. Außerdem hatte ich vor sensibleren Gerichten wie Soufflés lange Zeit so viel Respekt, dass mein Backofen meist ausgeschaltet blieb.

Meinen alfredissimo!-Gästen und der kulinarischen Begegnung mit Eckart Witzigmann ist es letztlich zu verdanken, dass ich irgendwann mit ganz anderen Augen „in die Röhre schauen" konnte. Ob herzhaft oder süß, mit Fisch, Fleisch oder rein vegetarisch, ob Über- oder einfach Gebackenes – der Backofen bietet einen wahren Reigen rundum erhitzter Köstlichkeiten. Selbst das gefürchtete Soufflé steht jetzt oft auf meinem Speiseplan. Das gelingt übrigens ganz leicht, wenn man die Mengenangaben penibelst einhält. Aber Vorsicht: Während des Backens nie die Ofentür öffnen, sonst fällt das schönste Soufflé in sich zusammen.

Praktisch ist der Ofen obendrein: Sobald der Bräter im Backrohr verschwunden ist, hat man Zeit, parallel noch andere wichtige Handgriffe in der Küche zu erledigen. Unpraktisch allerdings finde ich die unter den Kochplatten eingefassten Geräte. So weit geht meine Bewunderung für den Backofen dann doch nicht, dass ich davor niederknien möchte. Ein Backrohr in Augen- bzw. Arbeitshöhe ist die in jeder Hinsicht bequemere Lösung.

Es würde mich freuen, wenn Ihnen dieses Buch Lust auf die fast unendliche Vielfalt aus dem Ofen macht. Ich wünsche Ihnen viel Spaß beim Ausprobieren der Rezepte und vor allem guten Appetit!

AUFLAUF, QUICHE & CO.

Da schaut man gerne in die Röhre

Der heiße Ofen ist einer der ältesten Küchenhelfer überhaupt. Es soll ihn laut Brockhaus bereits in der Jungsteinzeit gegeben haben. Und im alten Ägypten, wo schon vor Jahrtausenden mit heizbaren Röhren gearbeitet wurde und wo der viereckige Backofen seinen Ursprung haben soll. In der alfredissimo!-Küche kommt der Backofen oft zum Einsatz. Und welche Vielfalt an kulinarischen Highlights man darin zubereiten kann, zeigen Ihnen die nächsten knapp 100 Seiten mit Ofen-Rezepten aus unseren bisherigen Sendungen.

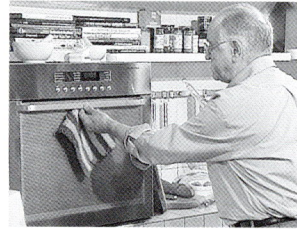

Für keines der folgenden Rezepte brauchen Sie ein Hightech-Gerät; der „normale Backofen" reicht völlig aus. Unser alfredissimo!-Backrohr kommt auch ohne zusätzlichen Technik-Schnickschnack aus und ist wie die üblichen moderneren Geräte mit Ober- und Unterhitze, Umluftfunktion sowie mit Grill ausgestattet. Einen zusätzlichen Luxus haben wir uns aber geleistet. Der Ofen ist nicht in den Herd integriert, sondern separat und – jetzt kommt das Wichtigste – in Augenhöhe montiert. Das hat gleich zwei Vorteile: Kein lästiges Bücken mehr und man hat ständig im Blick, was im Ofen so vor sich geht.

Das Heizen mit Ober- und Unterhitze ist die traditionelle Variante. Wärme wirkt hier zeitgleich von oben und unten. Kleiner Haken dabei: Nahe der Backofentür ist die Temperatur geringer, so dass vorn Platziertes manchmal nicht ganz so kross wird. Das passiert beim moderneren Heiß- bzw. Umluftverfahren garantiert nicht. Denn hier ventiliert ein Rotor die erwärmte Luft im Ofen umher. Das lässt den Ofen gleichmäßiger aufheizen, so dass mehrere Bleche übereinander eingeschoben werden können. Allerdings trocknet die aus dem Ventilator gepustete Luft alles ganz schön aus. Daher lohnt es sich für manche Gerichte, ein ofenfestes Schälchen Wasser mit in den Ofen zu stellen.

Ein paar Küchenutensilien sollten Sie beim Arbeiten mit dem Backofen immer bereithalten. Küchenwaage und Messbecher zum Beispiel: Denn gerade beim Backen sollten die Mengenangaben immer genau eingehalten werden. Ist ein Soufflé erst einmal im Rohr verschwunden, kann nichts mehr nachgearbeitet werden.

Zur Ofen-Grundausstattung gehören Backbleche, Gitterrost und Fettpfanne. Außerdem benötigen Sie Alufolie, Bräter und Formen (Auflauf-, Back-, Quiche- und Souffléformen). Zu letzteren gibt's als Hilfe für Sie in den Rezepten stets konkrete Hinweise, welche Form mit welchem Durchmesser bzw. Volumen empfehlenswert ist und auf welcher Schiene gegart werden soll. Kleines Gebäck und Gratins gelingen übrigens auf der obersten Schiene am besten. Die mittlere Schiene bietet sich für Aufläufe und Quiches an, während schwere Bräter auf die untere Schiene gehören.

Den Bräter bzw. die Form sollten Sie stets mittig positionieren, damit die Hitze von allen Seiten strahlen kann. Auch das Material der Formen wirkt sich auf die Garzeiten aus. Erfahrungsgemäß sind innen beschichtete und/oder Formen aus dunkel gefärbtem Stahl- oder Schwarzblech (die leider meist auch etwas teurer sind) am besten. Sie absorbieren, speichern und leiten die Hitze gleichmäßiger.

Nicht so hitzig: Temperaturen und Vorheizen

Sie kennen das: Urlaub, Sonne, 30 °C – da kommt man leicht ins Schwitzen. Weht dann noch ein heißer Wind dazu, ist die gefühlte Temperatur noch mal höher. Das ist auch das Prinzip des Umluftverfahrens: die Hitze zirkuliert wie heißer Wind im gesamten Backraum. Daher reicht für Umluft bei gleicher Gar- bzw. Backzeit eine ca. 10–15 % niedrigere Temperatur als für Ober-/Unterhitze. Und noch einen Vorteil hat Umlufthitze: Man muss nur ganz kurz, bei einigen Geräten sogar gar nicht mehr vorheizen. Arbeiten Sie mit Ober-/Unterhitze, sollten Sie eine „Warmlaufphase" von gut 25 Minuten einplanen.

Da sich unsere Temperaturangaben in den Rezepten immer auf das gängige Ober-/Unterhitze-Verfahren beziehen, hier eine kleine „Umrechnungstabelle" für Umluft- oder Gasbetrieb:

Ober-/Unterhitze	Um- bzw. Heißluft	Gasbetrieb
150 °C	140 °C	Stufe 1
175 °C	160 °C	Stufe 2
200 °C	180 °C	Stufe 3
220 °C	200 °C	Stufe 4
235 °C	210 °C	Stufe 5
250 °C	220 °C	Stufe 6
265 °C	235 °C	Stufe 7
280 °C	245 °C	Stufe 8

Über- und Gebacken: Aufläufe und Gratins

In diesem alfredissimo!-Buch finden Sie Rezepte für Vor-, Haupt- und Nachspeisen aus dem Ofen. Fleisch-, Fisch- und Geflügelfreunde werden hier ebenso fündig wie diejenigen unter Ihnen, die lieber vegetarisch essen. Die Palette reicht von Geschmortem und Gegrilltem über Quiches, Blechkuchen, Pizzen und Broten bis hin zu zwei Klassikern, die in ihren Variationen so vielseitig sind wie ihre Zutaten: Auflauf und Gratin.

Der Auflauf ist dabei die üppigere Variante: Eier und Milch stocken während des Backens und verbinden die Gemüse und Fleisch- oder Fischschichten. Die Zutaten für einen Auflauf sollten Sie am besten kurz vorgaren oder blanchieren. Das gilt für die Zutaten beim Gratin, wenn nicht anders vermerkt, ganz genauso. Ein Gratin ist übrigens als Beilage eine tolle Alternative. Denn es müssen ja nicht immer Salzkartoffeln sein ...

Fisch- oder Fleischgratins dagegen sind ideale Hauptgerichte, bei denen das Fleisch unter der Käsedecke saftig und zart bleibt. Unser alfredissimo!-Tipp: Legen Sie die dünn geschnittenen Zutaten in eine relativ niedrige Form. Wenn Sie jetzt noch den richtigen Käse drüberreiben und das Ganze bei hoher Hitze backen, dann bekommen Sie die leckere, für ein Gratin so typische Kruste. Wer's besonders knusprig mag, bestreut das Gratin vor dem Backen mit Semmelbröseln, Sesam oder Pinienkernen. Generell gilt beim Überbacken: Wird die Oberfläche mal zu schnell dunkel, decken Sie sie einfach mit etwas Alufolie ab und setzen den Backvorgang fort.

Der Auflauf ist, wie der Name schon sagt, eine Ansammlung von mehreren Zutatenschichten übereinander. Entsprechend benötigen Sie dafür eine höhere Form und etwas mehr Zeit für die Vorbereitung. Die Rezepte geben Ihnen aber ganz präzise Hinweise, wie die jeweiligen Zutaten vorbereitet werden, so dass die Vorgarzeiten der jeweiligen Schichten aufeinander abgestimmt sind. Das vorab blanchierte Gemüse muss gut abtropfen, sonst verwässert der Auflauf und wird matschig.

Aufläufe oder Gratins sind prima Resteverwerter. Bleiben einmal Kartoffeln oder Gemüse übrig, lässt sich daraus mit einer „Royale" – so heißt der Guss aus Eiermilch im Fachjargon – problemlos ein Auflauf zaubern. Und wie dem Gratin tut auch dem Auflauf Nachtruhe gut. Beides schmeckt auch am nächsten Tag kalt oder aufgewärmt.

Aufgegangen: Soufflés

Der Begriff „souffler" kommt aus dem Französischen und heißt eigentlich „aufblasen" bzw. „aufgehen". Wir haben in der alfredissimo!-Küche die Erfahrung gemacht, dass ein Soufflé genau das tut, wenn man sich strikt an die Zutatenlisten des Rezepts hält. Vor allem den Eischnee müssen Sie sorgfältig behandeln. Der ist nämlich das A und O des Soufflés und sollte geschmeidig aber nicht zu steif geschlagen werden. Das funktioniert, wenn Sie dafür eine Schüssel verwenden, in der sich weder Eigelb- noch Fettreste, die Erzfeinde des Eischnees, befinden. Ratsam ist es, die Backform nur ca. $2/3$ zu füllen, da das Soufflé nach oben aufgeht und in Form bleiben soll. Und ganz wichtig: während des Backens niemals die Ofentür öffnen. Der geringste Luftstoß lässt das zarte Gebilde in sich zusammenfallen. Und da das auch nach Backende schnell geschehen kann, sollten Sie Soufflés am besten sofort servieren und luftig-leicht genießen. Fällt Ihnen das Soufflé dann doch mal zusammen, macht das auch nichts. Schmecken tut's trotzdem!

Manche Käse mögen's heiß – aber welche?

Bei Käse scheiden sich die Geschmacksgeister. Wir bevorzugen in der alfredissimo!-Küche für Aufläufe und Gratins die älteren Käsesorten. Sie sind geschmacksintensiver und enthalten weniger Wasser. Trotzdem sind unsere Rezeptvorschläge immer nur Empfehlungen. Bei der Käseauswahl können Sie daher Ihrem Geschmack folgen. Ist Hartkäse Ihr persönlicher Favorit, empfehlen wir zum Gratinieren und Überbacken Emmentaler, Fontina, mittelalten Gouda und Gruyère (Greyerzer). Auch Pecorino, alter Gouda oder Parmesan sind eine würzige Variante. Alle drei sind aber ausgesprochen trocken; daher am besten erst eine Viertelstunde vor Backzeitende über den Auflauf reiben. Bei den weicheren Käsesorten eignen sich vor allem jüngerer Gouda, Butterkäse oder Mozzarella. Letzterer lässt sich übrigens viel leichter reiben, wenn er vorab einige Zeit im Gefrierfach gelagert wurde.

Mehr als heiße Luft: Ein paar praktische Tipps

Wie in den vorangegangenen Bänden geben wir Ihnen auch dieses Mal zu Rezepten Anregungen, wie Sie variieren oder Arbeitsabläufe vereinfachen können. Diese Tipps sind mit dem alfredissimo!-Logo gekennzeichnet und auf Seite 93 im Register aufgelistet.

Ist in den Rezepten von Eiern die Rede, gehen wir von mittelgroßen der Klassen 3 oder 4 (ca. 60g Gewicht) aus. „Vom Einfachen nur das Beste" gilt auch hier – die Eier sollten auf jeden

Fall von freilaufenden Hühnern stammen. Solche Eier gibt es mittlerweile in jedem Supermarkt zu kaufen. Sollten Sie mal nicht sicher sein, ob eines der gelagerten Eier noch frisch ist, legen Sie es in kaltes Wasser: Bleibt es dann waagerecht liegen, ist es noch frisch. Steigt das runde Ende nach oben, ist die Luftkammer schon vergrößert. Und das heißt, es ist alt und sollte nicht mehr verwendet werden.

Nichts wird so heiß gegessen, wie es gekocht wird. Das gilt insbesondere für Gratins. Vor allem die leckere Käsekruste ist tückisch. alfredissimo!-Fans konnten schon häufig miterleben, wie sich Alfred Biolek den Mund verbrannte und schnell zum Wasserglas griff. Deshalb ein heißer Tipp: Gratins und Aufläufe immer leicht abkühlen lassen, bevor Sie sie servieren. Apropos verbrannt: Auf Ihre Hände sollten Sie besonders gut achten. Bleche, Bräter oder Formen sind sehr heiß, wenn Sie sie aus dem Ofen nehmen. Zum Anfassen deshalb immer nur trockene Topflappen oder Geschirrtücher verwenden. Niemals feuchte Lappen oder Tücher, denn die Feuchtigkeit leitet die Hitze. Sollten Sie sich trotzdem mal die Finger verbrannt haben, schnell unter fließend kaltes Wasser damit. Das bringt Linderung.

Guten Appetit

Natürlich sind die angegebenen Garzeiten immer nur Richtwerte. Zum Ende des Backvorgangs entscheiden Sie, „wann der Ofen aus sein soll". Wir hoffen sehr, dass wir Sie mit diesem Band animieren können, häufiger etwas „aus dem Ofen" zu probieren. Der Backofen ist übrigens auch ausgesprochen gästefreundlich. Denn während da etwas Leckeres im Backrohr still vor sich hin schmort, grill, backt oder gratiniert, haben Sie parallel Zeit, sich Ihren Gästen zu widmen und zum Beispiel schon einen „Küchenwein" zu servieren. In diesem Sinne viel Spaß mit den Rezepten, ein gutes Gelingen – auch beim Abwandeln und Neukombinieren – und guten Appetit.

Ihr alfredissimo!-Team

VORSPEISEN

KÄSESTANGEN

Pikanter Blätterteig-Snack

300 g Tiefkühl-Blätterteig

1 Ei

150 g Parmesan, am Stück

Öl für das Backblech

Den Backofen auf 200 °C vorheizen.

Blätterteigscheiben nebeneinander legen, antauen lassen und dann leicht ausrollen. Das Ei verschlagen und die Teigplatten damit bestreichen. Den Teig in 2 cm breite Streifen schneiden und jeden Streifen in sich drehen, indem man die beiden Enden festhält. Parmesan reiben und die Stangen damit bestreuen. Ein Backblech fetten und die Käsestangen darauf legen. Im vorgeheizten Backofen auf der mittleren Schiene ca. 10 Minuten goldgelb backen.

Die Käsestangen schmecken gut zum Aperitif.

 **Variationen**

Die Blätterteigstangen lassen sich auch mit Thymian, Rosmarin, Sesam, Mohn oder Kümmel bestreuen.

BLÄTTERTEIGSCHNECKEN

Mit schwarzer oder grüner Olivenpaste

Den Backofen auf 200 °C vorheizen.

Blätterteigplatten nebeneinander auf einer bemehlten Arbeits-
platte antauen lassen. Eigelb und Milch verquirlen.

Die Teigplatten leicht ausrollen und dünn mit der Olivenpaste
bestreichen. Den Blätterteig längs aufrollen und die Naht gut
andrücken. Die Rollen in 0,5 cm dicke Schnecken schneiden und
diese auf ein mit Backpapier belegtes Backblech legen. Mit der
Eigelb-Milch-Mischung bestreichen und im vorgeheizten Backofen auf der mittleren Schiene etwa 10 Minuten backen.

300 g Tiefkühl-Blätterteig

Mehl für die Arbeitsfläche

1 Eigelb

2–3 Esslöffel Milch

100 g schwarze oder grüne Olivenpaste

Backpapier

 ### Blätterteigschnecken mit getrockneten Tomaten

100–150 g in Olivenöl eingelegte Tomaten sehr fein hacken und
anstatt der Olivenpaste auf den Blätterteig streichen.

AUBERGINENRÖLLCHEN

Mit Pinienkernen, Korinthen, Minze und Basilikum

Den Backofen auf 220 °C vorheizen.

Auberginen waschen, putzen und längs in 0,5 cm dicke Scheiben schneiden. Die Korinthen waschen und ½ Stunde in lauwarmem Wasser einweichen lassen. Basilikum und Minze waschen, trockentupfen, Blättchen abzupfen und beides fein hacken. Den Knoblauch schälen. Die Pinienkerne in einer Pfanne ohne Fett anrösten. Die Korinthen abtropfen lassen und mit den Pinienkernen fein hacken. Tomaten häuten, entkernen und fein würfeln.

Eier, Semmelbrösel, Korinthen, Pinienkerne, Basilikum, Minze und 3 Esslöffel der Tomatenwürfel vermischen. Den Knoblauch dazupressen und alles mit Salz und Pfeffer abschmecken.

Die Auberginenscheiben nacheinander in 6 Esslöffel Olivenöl kurz braten und danach auf Küchenkrepp abtropfen lassen. Jede Scheibe mit etwa 1 Esslöffel der Füllung bestreichen und aufrollen. Die Auberginenröllchen in eine feuerfeste Form legen. Restliche Tomatenwürfel darüber geben, salzen und pfeffern und mit dem Rest des Olivenöls beträufeln. Im vorgeheizten Backofen auf der mittleren Schiene ca. 20–30 Minuten backen.

Zu den Auberginenröllchen schmeckt eine Joghurt-Minz-Soße gut. Dafür den Joghurt mit gehackter Minze, Salz, Pfeffer, 1 Messerspitze Kreuzkümmel und etwas Zitronensaft mischen.

500 g Auberginen

20 g Korinthen

1 Bund Basilikum

5 Zweige Minze

2 Knoblauchzehen

20 g Pinienkerne

900 g Tomaten

2 Eier

60 g Semmelbrösel

Salz

Pfeffer, frisch gemahlen

80 ml Olivenöl

Für die Joghurt-Minz-Soße:

1 Becher griechischer Total-Joghurt
(200 g, 10% Fett)

2 Zweige Minze

Salz

Pfeffer, frisch gemahlen

1 Messerspitze Kreuzkümmel

½ Zitrone, unbehandelt

GRATINIERTE MUSCHELN

Mit Zitronen-Orangen-Butter

Die Schalotten schälen – 2 davon würfeln und 1 sehr fein hacken.
Die Orange heiß abwaschen, trocknen und die Schale abreiben.
Eine Zitrone auspressen und den Saft auf die Hälfte einkochen
lassen. Die zweite Zitrone waschen und in Scheiben schneiden.
Muscheln sorgfältig waschen und tote Muscheln aussortieren.

Den Backofengrill auf höchster Stufe vorheizen.

Den Wein und die Zitronenscheiben in einen großen Topf geben
und aufkochen lassen. Muscheln und gewürfelte Schalotten
dazugeben, pfeffern und bei großer Hitze mit geschlossenem
Deckel 6–8 Minuten garen.

Aus der Butter, dem reduzierten Zitronensaft, dem Paniermehl,
der abgeriebenen Orangenschale, der fein gehackten Schalotte,
Salz und Pfeffer eine Paste rühren.

Muscheln mit einem Schaumlöffel aus dem Topf nehmen. Die
leere Schalenhälfte von den Muscheln abnehmen und die Butter-
mischung auf das Muschelfleisch streichen. Die Muscheln auf
einem Backblech unter dem Grill etwa 3 Minuten gratinieren.

Auf Tellern anrichten und mit Petersilie bestreut servieren.

Tote Muscheln erkennen

Wenn man bei einer ungekochten, schon geöffneten Muschel
mit dem Finger auf die Schale klopft, muss sie sich wieder
schließen. Andernfalls muss sie aussortiert werden, denn sie
könnte schlecht sein.

3 Schalotten

1 Orange, unbehandelt

2 Zitronen, unbehandelt

40 Miesmuscheln, küchenfertig

200 ml Weißwein, trocken

Pfeffer, frisch gemahlen

100 g Butter, zimmerwarm

60 g Paniermehl

Salz

2 Esslöffel Petersilie, gehackt

ROTE BETE AL FORNO

Mit Majoran und viel Knoblauch

½ kg Rote Bete, möglichst kleine Knollen

10 Knoblauchzehen

1 Bund Majoran

Salz

Pfeffer, frisch gemahlen

8 Esslöffel Balsamico-Essig

8 Esslöffel Olivenöl

Alufolie

Den Backofen auf 200 °C vorheizen.

Die Rote Bete mit einer Bürste unter fließendem Wasser sehr gründlich reinigen. Knoblauchzehen mit der flachen Seite eines breiten Messers leicht andrücken. Majoran waschen, trockentupfen und die Blättchen abzupfen. Eine feuerfeste Form mit Alufolie so auslegen, dass an den Rändern Folie übersteht. Rote Bete und Knoblauchzehen in die Folie legen, die Majoranblättchen darüber verteilen und alles großzügig salzen und pfeffern. Mit dem Balsamico und dem Olivenöl begießen und die Folie dicht verschließen. Im vorgeheizten Backofen auf der mittleren Schiene ca. 1 Stunde backen.

Den Knoblauch mit einer Gabel aus der Schale drücken. Die Rote Bete mit dem Knoblauch und etwas vom Sud auf Tellern anrichten.

Dazu schmeckt frisches Baguette.

GEFÜLLTE CHAMPIGNONS

Mit Roquefort, Speck und Thymian

Den Backofen auf 180 °C vorheizen.

Champignons trocken putzen und die Stiele ganz herausbrechen.
Die Hälfte der Stiele fein hacken. Die Schalotten schälen und
ebenfalls hacken. Kirschtomaten waschen und vierteln. Den
Thymian waschen, trockentupfen und die Blättchen abzupfen.
Den Speck fein würfeln. Eine Auflaufform einfetten.

In einer Pfanne Butter und Speck auslassen und die Schalotten
darin anschwitzen. Die Kirschtomaten hinzugeben und nach
3 Minuten gehackte Pilzstiele und Thymianblättchen hinzufügen. Zusammen etwa 4–5 Minuten braten und mit Portwein
ablöschen. Mit Salz und Pfeffer abschmecken und etwas
abkühlen lassen.

Die Pilzköpfe mit der Öffnung nach oben in die Form legen, die
Füllung auf den Pilzen verteilen und mit klein geschnittenem
Roquefort bedecken. Mit Rosenpaprika bestreut im vorgeheizten
Backofen auf der mittleren Schiene ca. 30 Minuten backen.

20 braune Champignons, mittlere Größe

2 Schalotten

100 g Kirschtomaten

3 Zweige Thymian

100 g geräucherter Speck

Fett für die Form

20 g Butter

50 ml Portwein

Salz

Pfeffer, frisch gemahlen

150 g Roquefort

Rosenpaprika

GRATINIERTE POLENTA

Mit Radicchio und Basilikum

1 großer Radicchio, ca. 400 g

1 Bund Basilikum

230 g Gorgonzola

100 g in Öl eingelegte getrocknete Tomaten

1 Knoblauchzehe

200 g Maisgrieß

Salz

1-2 Esslöffel Olivenöl

Pfeffer, frisch gemahlen

Öl für das Backblech

Den Radicchio putzen, waschen und trockenschleudern. Das Basilikum waschen, trockentupfen und die Blättchen abzupfen. Beides in Streifen schneiden. Den Käse würfeln. Getrocknete Tomaten klein schneiden. Die Knoblauchzehe schälen und mit der flachen Seite eines breiten Messers andrücken.

Maisgrieß unter Rühren langsam in ¾ l kochendes Salzwasser einrieseln lassen. Bei reduzierter Hitze etwa 25-30 Minuten köcheln lassen. Dabei kräftig rühren. Die Polenta ist gar, wenn sie sich vom Topfrand und -boden löst. Den Brei auf ein nasses Holzbrett stürzen und glatt streichen, so dass eine ca. 2-3 cm dicke Platte entsteht. Die Polenta abkühlen lassen.

Den Grill auf 250 °C vorheizen.

Die Knoblauchzehe im Olivenöl leicht anbraten, die Radicchio-streifen dazugeben und anschwitzen. Die Tomatenwürfel und das Basilikum dazugeben und mit Salz und Pfeffer würzen.

Die Polenta auf ein geöltes Backblech legen. Das Gemüse darauf geben und die Käsewürfel darüber verteilen. Unter dem heißen Grill ca. 5-8 Minuten überbacken. Zum Servieren die Polenta in Rauten schneiden.

Getrocknete Tomaten einlegen

In Öl eingelegte getrocknete Tomaten sind teuer. Sie lassen sich leicht selbst zubereiten. In einem Topf Wasser und Rot-wein im Verhältnis 1:1 mischen und die getrockneten Tomaten darin 10 Minuten köcheln lassen. Abgetropft in einem Schraub-glas mit 1 Knoblauchzehe, 1 Zweig Rosmarin und mit Olivenöl bedeckt verschlossen 1-2 Tage im Kühlschrank ziehen lassen.

FOCACCIA

Italienisches Fladenbrot mit Rosmarin und Knoblauch

Die Hefe in der lauwarmen Milch mit dem Zucker anrühren.
Das Mehl in eine Schüssel geben, eine Mulde hineindrücken
und die aufgelöste Hefe in die Mulde schütten. Mit dem Salz,
dem Olivenöl und 220 ml Wasser zu einem geschmeidigen und
elastischen Teig kneten. Diesen dann zugedeckt ca. 30 Minuten
gehen lassen.

Den Backofen auf 230 °C vorheizen.

Rosmarin waschen, trockentupfen und die Nadeln abzupfen.
Den Knoblauch schälen.

Den Teig nochmals durchkneten und in 4 Teile schneiden. Zu
Fladen von jeweils 0,5 cm Dicke ausrollen und diese auf ein
gefettetes Backblech legen. Das Olivenöl mit durchgepresstem
Knoblauch vermischen, die Rosmarinnadeln über dem Teig
verteilen und die Fladen mit der Olivenöl-Knoblauch-Mischung
einpinseln. Im vorgeheizten Backofen auf der mittleren Schiene
etwa 15 Minuten backen.

Die Brote heiß servieren.

25 g frische Hefe

5 Esslöffel Milch

1 Prise Zucker

500 g Mehl

1 Prise Salz

4 Esslöffel Olivenöl

4 Zweige Rosmarin

1–2 Knoblauchzehen

Fett für das Backblech

QUICHE, BROT & CO.

BERNER KÄSEKUCHEN

Herzhafte Käsemischung auf Blätterteig

Den Backofen auf 180 °C vorheizen.

Den Käse fein reiben und die Blätterteigplatten nebeneinander auftauen lassen. Eine Backform (28 cm Ø) erst mit einer halbierten Knoblauchzehe ausreiben und dann mit Butter fetten.

Geriebenen Käse, Ziegenkäse, saure und süße Sahne und die Eier verrühren und mit Pfeffer und Muskatnuss würzen. Die Blätterteigplatten etwas ausrollen und auf dem Boden der Form verteilen. Die Käsemischung darüber geben und im vorgeheizten Backofen etwa 30 Minuten backen, bis die Oberfläche leicht braun ist.

300 g Emmentaler

125 g Greyerzer

75 g Appenzeller

300 g Tiefkühl-Blätterteig

½ Knoblauchzehe

Butter für die Form

1-2 Esslöffel Ziegen-Frischkäse

250 ml saure Sahne

50 ml süße Sahne

2-3 Eier

Pfeffer, frisch gemahlen

Muskatnuss, frisch gerieben

BUTTERMILCH-SCONES

Englische Brötchen zum Tee

Den Backofen auf 220 °C vorheizen.

Das Mehl mit dem Backpulver in eine große Schüssel sieben und das Salz untermischen. Butter in Flöckchen dazugeben und mit einem Messer einarbeiten, so dass eine krümelige Masse entsteht. In deren Mitte eine Mulde drücken und 175 ml Buttermilch hineingießen. Mit dem Messer schnell zu einem weichen Teig verarbeiten. Auf einer mit Mehl bestreuten Arbeitsfläche den Teig in 2 Rollen formen. Diese in jeweils 4–5 cm dicke Scheiben schneiden, auf ein mit Backpapier ausgelegtes Backblech legen und mit etwas Milch bepinseln.

Im vorgeheizten Backofen 15–20 Minuten auf der mittleren Schiene backen, bis die Scones aufgegangen sind und eine goldbraune Farbe haben.

225 g Mehl

3 gestrichene Teelöffel Backpulver

1 Prise Salz

25 g Butter

175 ml Buttermilch

Mehl für die Arbeitsfläche

5 Esslöffel Milch

Backpapier

 **Serviervorschlag**

Scones werden in England mit Erdbeer- oder Orangenmarmelade und geschlagener Sahne zum Tee gereicht.

Der Teig lässt sich variieren, z.B. mit Rosinen, gehackten Nüssen oder kandiertem Ingwer.

PIZZA MIT TOMATEN UND BASILIKUM

Klassisch mit Mozzarella und Oregano

Hefe, Mehl, 1 gestrichener Teelöffel Salz, 1 Teelöffel Zucker, 125 ml warmes Wasser und 2–3 Esslöffel Olivenöl mit einem Knethaken zu einem glatten Teig verrühren. Diesen zugedeckt 1 Stunde ruhen lassen.

Den Backofen auf 250 °C vorheizen.

Mozzarella in Scheiben schneiden. Tomaten abtropfen lassen und leicht andrücken. Das Basilikum waschen, trockentupfen und grob hacken. Die Tomaten mit etwas Oregano, Majoran, Salz, Pfeffer und Zucker würzen. 3 Esslöffel Olivenöl unter die Tomaten mischen.

Das Backblech etwas einölen. Den Teig nochmals kurz durchkneten und auf dem Blech ausrollen. Dabei einen etwas dickeren Rand formen. Die Tomaten auf dem Teig verteilen, Mozzarella darüber geben und mit Basilikum bestreut ca. 15 Minuten im vorgeheizten Backofen auf der mittleren Schiene backen.

Heiß servieren und nach Geschmack mit dem restlichen Olivenöl beträufeln.

½ Würfel frische Hefe

250 g Mehl, Type 550

Salz

1–2 Teelöffel Zucker

6–7 Esslöffel Olivenöl

250 g Mozzarella

1 Dose Tomaten, 250–300 g

½ Bund Basilikum

1 Teelöffel Oregano

1 Teelöffel Majoran

Pfeffer, frisch gemahlen

Öl für das Backblech

BIRNEN-GORGONZOLA-QUICHE

Fruchtig und pikant

Aus Mehl, Salz, zimmerwarmer Butter, 1 Ei und Backpulver einen Teig kneten und diesen in Folie gewickelt ca. ½ Stunde in den Kühlschrank legen. Eine Quiche-Form (28 cm Ø) buttern.

Den Backofen auf 200 °C vorheizen.

Die Zitronenhälfte auspressen. Die Birnen waschen, schälen, halbieren und das Kerngehäuse entfernen. Die Birnenhälften in dünne Scheiben schneiden. Mit dem Zitronensaft beträufeln. Gorgonzola ebenfalls in dünne Scheiben schneiden. Restliche Eier mit der Sahne verquirlen und pfeffern.

Den Teig auf ein Stück Frischhaltefolie legen, mit einem zweiten Bogen Folie bedecken, flach andrücken und mit dem Nudelholz ausrollen. Die Folie entfernen, den Teig in die Form legen und bis zum Rand hochziehen. Birnenscheiben auf den Teig geben und den Gorgonzola darüber verteilen. Mit der Eiersahne begießen und im vorgeheizten Backofen auf der mittleren Schiene etwa 40 Minuten backen.

250 g Mehl

1 Prise Salz

125 g Butter

4 Eier

1 Messerspitze Backpulver

Butter für die Form

½ Zitrone, unbehandelt

2 große, reife Williamsbirnen

300 g Gorgonzola

125 ml süße Sahne

Pfeffer, frisch gemahlen

Frischhaltefolie

SAUERKRAUTKUCHEN
Deftig mit Speck und Emmentaler

1 Gemüsezwiebel

200 g durchwachsener Speck

350 g Sauerkraut

100 g Emmentaler

2 Eier

200 g saure Sahne

250 g Tiefkühl-Blätterteig

1 Teelöffel Kümmel

Den Backofen auf 180 °C vorheizen.

Die Gemüsezwiebel schälen und hacken. Den Speck fein würfeln. Das Sauerkraut in einem Sieb unter kaltem Wasser abwaschen. Den Käse reiben und mit den Eiern und der sauren Sahne vermischen. Die Blätterteigplatten nebeneinander legen und auftauen lassen.

Speckwürfel in einer Pfanne auslassen und mit der Zwiebel dünsten. Den Blätterteig leicht ausrollen, in eine Auflaufform (28 cm Ø) legen und mit 1 Teelöffel Kümmel bestreuen. Dann die Zwiebel, den Speck und das Sauerkraut darauf verteilen. Anschließend die Käse-Ei-Mischung darüber gießen und im vorgeheizten Backofen etwa 40 Minuten auf der mittleren Schiene backen.

KNOBLAUCHBROT

Mit Schafskäse und frischen Kräutern

Den Backofen auf 180 °C vorheizen.

Das Weißbrot etwa 12-mal so einschneiden, dass es an der unteren Seite zusammenhängend bleibt. Den Knoblauch schälen und pressen. Die Kräuter waschen, trockentupfen, Blätter abzupfen und diese fein hacken. Die Walnüsse grob hacken.

Schafskäse, weiche Butter, Kräuter und Knoblauch zu einer geschmeidigen Paste verrühren. Die gehackten Walnüsse untermischen. Das Brot fächerartig aufklappen und die Scheiben von beiden Seiten mit der Butter-Käse-Mischung bestreichen. Die Brotscheiben fest zusammendrücken und die heraustretende Buttermasse außen auf dem Brot verstreichen. Den Laib in Alufolie wickeln und im vorgeheizten Backofen auf der unteren Schiene 30–40 Minuten backen.

In Scheiben geschnitten mit einem Salat servieren.

1 Laib Weißbrot, altbacken

4–6 Knoblauchzehen

jeweils 1 Bund:

- Petersilie

- Basilikum

- Thymian

- Majoran

100 g Walnusskerne

150 g korsischer Schafskäse

250 g Butter

Alufolie

KÖRNERBROT

Knusprig und lecker

1 Würfel frische Hefe

3 Teelöffel Salz

4 Esslöffel Essig

600 g Dinkelmehl

200 g Buchweizen, gemahlen

jeweils 1 Tasse:

- Sesam

- Sonnenblumenkerne

- Kürbiskerne oder Leinsamen

Fett für die Form

1-2 Esslöffel Haferflocken

Hefe, Salz, Essig und 750 ml handwarmes Wasser verrühren. Das Dinkelmehl und den Buchweizen mit der Flüssigkeit zu einem Brei vermengen. Vom Sesam, den Sonnenblumen- und den Kürbiskernen jeweils 1 Esslöffel für die Dekoration zurückbehalten, den Rest unter den Teig mischen.

Eine Kastenform (2,5 l Volumen) einfetten und mit Haferflocken ausstreuen. Den Teig hineingeben, die restlichen Kerne darüber verteilen und die Form in den kalten Backofen schieben. Das Brot bei 220 °C auf der unteren Schiene ca. 60 Minuten backen.

Den Brotlaib aus der Form nehmen und auskühlen lassen.

OLIVENBROT

Mediterraner Hefefladen

Das Mehl mit der zerbröselten Hefe, Milch, 150 ml lauwarmem Wasser, Salz, Zucker und 2 Esslöffel Olivenöl zu einem glatten Teig kneten. Diesen zugedeckt 1 Stunde ruhen lassen.

Den Backofen auf 220 °C vorheizen.

Die Oliven entsteinen und hacken. Ein Backblech einölen und den Teig auf einer bemehlten Arbeitsfläche zu 2 länglichen Fladen ausrollen. Diese dann auf das Blech legen und mit den Oliven, dem Oregano und dem grobkörnigen Salz bestreuen. Mit dem restlichen Olivenöl beträufeln und im vorgeheizten Backofen auf der mittleren Schiene ca. 25 Minuten backen.

500 g Mehl

½ Würfel frische Hefe

150 ml Milch, lauwarm

1 Teelöffel Salz

½ Teelöffel Zucker

4 Esslöffel Olivenöl

250 g schwarze Oliven

Öl für das Backblech

Mehl für die Arbeitsfläche

1 Teelöffel Oregano, getrocknet

1 Teelöffel grobkörniges Salz

CHAMPIGNON-LAUCH-QUICHE

Mit getrockneten Tomaten und frischen Kräutern

150 g Mehl

½ Päckchen Backpulver

80 g Magerquark

7 Esslöffel Olivenöl

3 Esslöffel Milch

Salz

1 Teelöffel Kurkuma

400 g braune Champignons

350 g Lauch

2 Knoblauchzehen

50 g getrocknete Tomaten

4 Zweige Thymian

2 Zweige Rosmarin

5 Blätter Salbei

3 Eier

150 ml süße Sahne

100 ml Portwein

Pfeffer, frisch gemahlen

Butter für die Form

Mehl für die Arbeitsfläche

40 g Parmesan, frisch gerieben

Mehl, Backpulver, Quark, 3 Esslöffel Olivenöl, Milch, eine Prise Salz und Kurkuma zu einem glatten Teig verkneten und diesen ½ Stunde im Kühlschrank ruhen lassen.

Den Backofen auf 200 °C vorheizen.

Die Champignons trocken putzen und vierteln. Den Lauch putzen, waschen und in feine Streifen schneiden. Knoblauch schälen und fein hacken, getrocknete Tomaten in Streifen schneiden. Die Kräuter waschen, trockentupfen, fein hacken und mit den Eiern und der Sahne verquirlen.

Die Pilze im restlichen Olivenöl kräftig anbraten, Knoblauch und Lauch zufügen, kurz glasig schwitzen, die getrockneten Tomaten dazugeben, mit dem Portwein ablöschen und alles ca. 5 Minuten köcheln lassen. Mit Salz und Pfeffer abschmecken.

Eine Quicheform (28 cm Ø) mit Butter einfetten. Den Teig auf einer bemehlten Fläche ausrollen und in die Form geben, so dass auch der Rand bedeckt ist. Die Pilz-Lauch-Mischung auf dem Teig verteilen. Die Eier-Sahne-Mischung darüber geben und mit dem Parmesan bestreuen. Im vorgeheizten Backofen auf der mittleren Schiene etwa 30 Minuten backen.

STEINPILZ-QUICHE

Mit frischen Kräutern und Parmesan

125 g Butter mit dem Mehl, 2 Eiern und einer Prise Salz zu einem glatten Teig kneten. Anschließend 1 Stunde kalt stellen.

Den Backofen auf 200 °C vorheizen.

Rosmarin und Thymian waschen, trockentupfen, Blättchen und Nadeln abzupfen und fein hacken. Den Knoblauch schälen. Die Milch, die übrigen 3 Eier und die 2 Eigelbe in einer Schüssel verrühren. Mit Salz, Pfeffer und Muskat würzen. Die Kräuter unterrühren und den Knoblauch dazupressen.

Die Pilze trocken putzen, in Scheiben schneiden und in der restlichen Butter anbraten.

Den Teig auf einer bemehlten Fläche dünn ausrollen. Eine Quicheform (28 cm Ø) einfetten und mit dem Teig den Boden und den Rand auslegen. Die Steinpilze darauf verteilen, mit der Eiermilch begießen und mit Parmesan bestreuen. Im vorgeheizten Backofen auf der mittleren Schiene ca. 25 Minuten backen.

140 g Butter, zimmerwarm

250 g Mehl

5 Eier

Salz

2 Zweige Rosmarin

2 Zweige Thymian

1 Knoblauchzehe

400 ml Milch

2 Eigelbe

Pfeffer, frisch gemahlen

Muskatnuss, frisch gerieben

200 g frische Steinpilze

Mehl für die Arbeitsfläche

Fett für die Form

20 g Parmesan, frisch gerieben

 **Getrocknete Steinpilze**

Die frischen Steinpilze lassen sich durch 50 g getrocknete Steinpilze ersetzen: Pilze kurz abbrausen und etwa 30 Minuten in warmem Wasser einweichen, abtropfen lassen und dann wie frische verwenden.

PETERSILIENKUCHEN

Frisch und würzig – mit Quark und Speck

Die Hefe mit dem Zucker und der Milch glatt rühren. 15 Minuten ruhen lassen und dann aus dem Mehl, der angerührten Hefe, der Butter, dem Schmalz und 1 Teelöffel Salz einen elastischen Teig kneten. Diesen ca. 30 Minuten zugedeckt ruhen lassen.

Den Backofen auf 200 °C vorheizen.

Die Petersilie waschen, trockentupfen und die Blättchen fein hacken. Den Speck fein würfeln. Die süße und saure Sahne mit dem Quark, den Eiern, Salz, Pfeffer und etwas Paprikapulver verquirlen.

Den Teig nochmals durchkneten, auf einer bemehlten Fläche ausrollen und auf ein gefettetes Backblech legen. Die Teigränder so hoch ziehen, dass die Eiermilch nicht über den Rand laufen kann. ¾ der Petersilie darüber streuen und mit der Eier-Sahne-Mischung begießen. Obenauf die Speckwürfel verteilen. Im vorgeheizten Backofen auf mittlerer Schiene etwa ½ Stunde backen.

Mit der restlichen Petersilie bestreut servieren. Dazu schmeckt ein grüner Salat.

½ Würfel Hefe

1 Teelöffel Zucker

180 ml Milch, lauwarm

375 g Mehl

50 g Butter

50 g Schweineschmalz

Salz

3–4 Bund glatte Petersilie

200 g Frühstücksspeck

250 ml süße Sahne

150 g saure Sahne

2 Esslöffel Magerquark

2 Eier

Salz

Pfeffer, frisch gemahlen

Paprikapulver

Mehl für die Arbeitsfläche

Fett für das Backblech

KARTOFFEL-QUICHE

Mit Safran und Kurkuma

Aus Butter, Mehl, 2 Eiern und einer Prise Salz schnell einen glatten Teig kneten. Im Kühlschrank 1 Stunde ruhen lassen.

Den Backofen auf 200 °C vorheizen.

Die Kartoffeln schälen und waschen. Die Enden abschneiden und aus den mittleren Teilen ca. 1 cm große Würfel schneiden. Diese in kochendem Salzwasser mit Kurkuma 1–2 Minuten blanchieren. Die abgeschnittenen Kartoffelenden in Salzwasser garen, durch eine Kartoffelpresse drücken und abkühlen lassen.

Die Milch, 3 Eier, 2 Eigelbe und die durchgepressten Kartoffeln verquirlen. Mit Salz, Pfeffer, Muskatnuss, Safranpulver und dem Majoran kräftig würzen. Eine Quicheform (28 cm Ø) fetten. Den Teig auf einer bemehlten Fläche ausrollen und damit den Boden und die Ränder der Form auslegen. Die blanchierten Kartoffel-würfel auf dem Teig verteilen, die Milch-Eier-Mischung darüber gießen und im vorgeheizten Backofen ca. 25 Minuten auf der mittleren Schiene backen.

125 g Butter, kalt

250 g Mehl

5 Eier

Salz

650 g Kartoffeln

1 Teelöffel Kurkuma

500 ml Milch

2 Eigelbe

Pfeffer, frisch gemahlen

Muskatnuss, frisch gerieben

1 Prise Safranpulver

1 Teelöffel Majoran, getrocknet

Fett für die Form

Mehl für die Arbeitsfläche

VEGETARISCH

MANGOLDSOUFFLE

Locker und luftig mit Petersilie und Muskat

5 Zweige Petersilie

400 g Mangold

Salz

1 Knoblauchzehe

2 Schalotten

50 g Greyerzer

5 Eier

90 g Butter

30 g Mehl

¼ l Milch

40 ml süße Sahne

Pfeffer, frisch gemahlen

Muskatnuss, frisch gerieben

1–2 Esslöffel Paniermehl

Petersilie waschen, trockentupfen und hacken. Den Mangold waschen und die Stiele entfernen. Die Blätter 2–3 Minuten in kochendem Salzwasser blanchieren und danach ausdrücken. Knoblauch und Schalotten schälen und fein hacken. Den Käse reiben. Die Eier trennen und das Eiweiß mit einer Prise Salz zu einem steifen Schnee schlagen.

Den Backofen auf 180 °C vorheizen.

60 g Butter in einem Topf zerlassen und darin das Mehl anschwitzen. Mit der Milch und der Sahne verrühren und etwa 10 Minuten köcheln lassen. Kräftig mit Salz, Pfeffer und Muskatnuss abschmecken. In 20 g Butter die Schalotten und den Knoblauch andünsten. Mangold pürieren und zu den Zwiebeln in den Topf geben. 2–3 Minuten mit anschwitzen und danach etwas abkühlen lassen. Eine Souffléform (1 l Inhalt) mit der restlichen Butter einfetten und mit Paniermehl ausstreuen.

Das Eigelb in die Soße rühren und den Mangold sowie die Petersilie damit vermischen. Den Käse und die Hälfte des geschlagenen Eiweißes unterrühren. Das restliche Eiweiß vorsichtig unterheben. Die Masse bis 2 cm unter den Rand in die Form füllen und im vorgeheizten Backofen 40–50 Minuten garen. Währenddessen die Backofentür nicht öffnen.

 **Verwendung der Mangoldstiele**

Die Mangoldstiele lassen sich in Olivenöl, mit einer Zwiebel und Knoblauch gedünstet, als separates Gemüse verwenden.

KÄSESOUFFLE

Der Klassiker mit zwei Sorten Käse und Quark

Den Backofen auf 175 °C vorheizen.

Den Käse reiben. Die Eier trennen; davon werden 4 Eigelbe und 6 Eiweiße benötigt. Das Eiweiß mit einer Prise Salz zu einem steifen Schnee schlagen.

Butter in einem Topf zerlassen, das Mehl einrühren und mit der Milch zu einer glatten Mehlschwitze verrühren. Etwa 10 Minuten köcheln lassen und mit Salz, Pfeffer und Muskat abschmecken.

Den Quark, 4 Eigelbe und den geriebenen Käse mit der Mehlschwitze verrühren und die Hälfte des Eiweißes unterrühren. Dann das restliche Eiweiß vorsichtig unterheben.

Souffléförmchen zur Hälfte einfetten, mit Paniermehl ausstreuen und mit der Soufflémasse zu ⅔ füllen. Im vorgeheizten Backofen 30–40 Minuten auf der mittleren Schiene backen. Die Backofentür darf währenddessen nicht geöffnet werden, da die Soufflés sonst zusammenfallen.

Die Käsesoufflés sofort in den Förmchen servieren. Dazu schmeckt ein frischer Salat gut.

100 g Emmentaler

80 g Greyerzer

6 Eier

Salz

80 g Butter

50 g Mehl

½ l Milch

Pfeffer, frisch gemahlen

Muskatnuss, frisch gerieben

100 g Magerquark

Fett für die Förmchen

1–2 Esslöffel Paniermehl

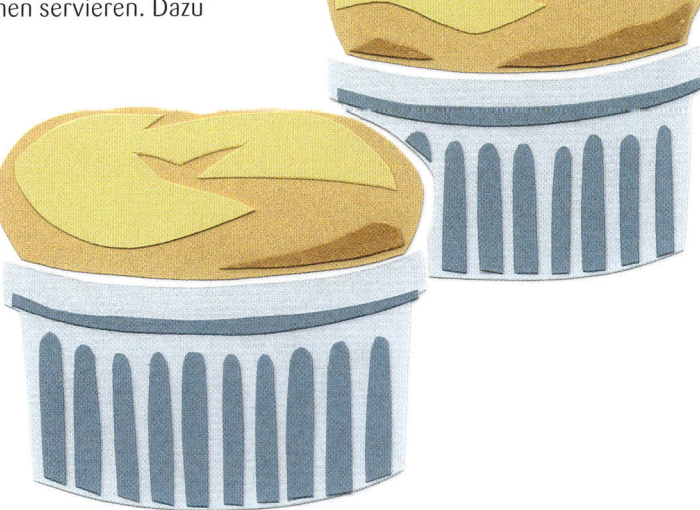

PILZLASAGNE

Mit Steinpilzen, Champignons und Salbei

30 g Steinpilze, getrocknet
500 g helle Champignons
500 g braune Champignons
6 Schalotten
4 Knoblauchzehen
1 Zweig Salbei
9 Lasagneblätter
2–3 Esslöffel Butter
125 ml süße Sahne
Salz
Pfeffer, frisch gemahlen
Muskatnuss, frisch gerieben
Butter für die Form
180 g Parmesan, frisch gerieben
300 g Mozzarella, in dünnen Scheiben
Alufolie

Die Steinpilze in heißem Wasser etwa 30 Minuten einweichen. Die Champignons trocken putzen und in sehr feine Scheiben schneiden. Die Schalotten schälen und in feine Ringe schneiden. Knoblauch schälen und grob hacken. Salbei waschen, trockentupfen, die Blätter abzupfen und – bis auf einige Blättchen zum Garnieren – fein hacken. Die Lasagneblätter knapp bissfest garen.

Den Backofen auf 180 °C vorheizen.

Champignons in der Butter bei großer Hitze etwa 2 Minuten braten. Die Pfanne darf nicht zu voll sein, deshalb eventuell in mehreren Durchgängen braten. Schalotten, Knoblauch und Salbei dazugeben und mit anbraten. Die Steinpilze abgießen und ebenfalls in die Pfanne geben. Mit der Sahne ablöschen, kurz aufkochen lassen und mit Salz, Pfeffer und Muskatnuss kräftig würzen.

Eine viereckige Auflaufform buttern, 3 Lasagneblätter hineinlegen, mit der Hälfte der Pilzmischung bedecken, die Hälfte des Parmesans und 75 g des Mozzarellas darüber verteilen. Darauf wieder 3 Lasagneblätter legen, die restliche Pilz-Mischung, den restlichen Parmesan und nochmals 75 g Mozzarella darüber geben. Die letzten Lasagneblätter auflegen, mit den ganzen Salbeiblättern garnieren und den übrigen Mozzarella obenauf legen. Die Form mit Alufolie verschließen und im vorgeheizten Backofen auf der mittleren Schiene ca. 30 Minuten backen. Dann die Alufolie entfernen und die Lasagne unter dem Grill 1–2 Minuten goldbraun überbacken.

GERÖSTETE PILZE

Mit Ziegenkäse und Chili

Den Backofen auf 220 °C vorheizen.

Pilze trocken putzen und die Stiele entfernen. Die Pilzhüte in feine Scheiben schneiden. Thymian waschen, trockentupfen und die Blättchen abzupfen. Schalotten schälen und in feine Ringe schneiden. Den Knoblauch schälen und fein hacken. Ziegenkäse in grobe Stücke zerbröckeln.

Die Schalotten im Olivenöl andünsten. Knoblauch, Pilze und Thymian dazugeben und alles 5–8 Minuten braten. Mit Pfeffer und Salz würzen. Die Pilze in eine feuerfeste Form geben und das Chiliöl und den Ziegenkäse darüber verteilen. Im vorgeheizten Backofen 8–10 Minuten auf der mittleren Schiene backen.

800 g gemischte Pilze,
z.B. Shiitake, Austernpilze und Egerlinge

1 Bund Thymian

1–2 Schalotten

4 Knoblauchzehen

80 g Ziegenkäse

3 Esslöffel Olivenöl

Pfeffer, frisch gemahlen

Salz

Für das Chiliöl:

80 ml Olivenöl

2–3 getrocknete Peperoncini

Chiliöl

Olivenöl und getrocknete Peperoncini in einer geschlossenen Flasche mindestens eine Nacht durchziehen lassen.

ÜBERBACKENER FENCHEL

Mit Oliven und Parmesan

Den Fenchel waschen, putzen und vierteln. Das Fenchelgrün fein hacken. Die Fenchelviertel ca. 10 Minuten in Salzwasser kochen, herausnehmen und abtropfen lassen.

Den Backofen auf 200 °C vorheizen.

Die Butter in einer ofenfesten Form zerlassen und dann den Fenchel hineinlegen. Mit der Sahne übergießen und salzen und pfeffern. Die Oliven darauf verteilen und mit dem Parmesan bestreuen. Im vorgeheizten Backofen auf der mittleren Schiene etwa 15 Minuten backen.

Mit dem Fenchelgrün bestreut servieren. Dazu schmeckt eine Tomatensoße gut.

1 kg Fenchel

Salz

40 g Butter

140 ml süße Sahne

Pfeffer, frisch gemahlen

50 g schwarze Oliven, entsteint

120 g Parmesan, frisch gerieben

MAKKARONI MIT FONTINA-KÄSE

Mit Kürbis, Zucchini und Paprika

Den Backofen auf 200 °C vorheizen.

Zwiebel schälen und in dünne Ringe schneiden. Die Knoblauchzehe schälen und grob hacken. Rosmarin und Salbei waschen,
trockentupfen und die Nadeln bzw. Blätter fein hacken. Kürbis
schälen, halbieren und die Kerne entfernen. Zucchini waschen
und putzen. Die Paprikaschoten waschen, halbieren und auch
hier die Kerne entfernen. Alle Gemüse in feine Streifen schneiden. Den Käse reiben.

Die Zwiebelringe im Olivenöl glasig andünsten, den Knoblauch
hinzugeben und kurz mit anbraten. Die Paprikastreifen in die
Pfanne geben und ca. 2 Minuten mitbraten. Dann die Zucchini-
und Kürbisstreifen ebenfalls in die Pfanne geben und alles etwa
2–3 Minuten braten. Mit Salz und Pfeffer abschmecken.

Die Nudeln in Salzwasser garen, abgießen, mit kaltem Wasser
abschrecken und abtropfen lassen.

Die Butter in einer Pfanne leicht bräunen, das Mehl und die
Kräuter unterrühren und mit der Milch ablöschen. Alles etwa
5 Minuten köcheln lassen und dann die Soße über die Pasta
gießen. Die Gemüsestreifen und die Hälfte des geriebenen
Käses unterheben. Die Nudeln in eine gefettete Auflaufform
geben, mit dem restlichen Käse bestreuen und im vorgeheizten
Backofen ca. 20 Minuten goldbraun überbacken.

1 mittelgroße Zwiebel

1 Knoblauchzehe

2 Zweige Rosmarin

4 Blätter Salbei

500 g Kürbis

2 kleine Zucchini, ca. 300 g

4 kleine gelbe Paprikaschoten

*200 g italienischer Fontina-Käse
oder Emmentaler*

2 Esslöffel Olivenöl

Salz

Pfeffer, frisch gemahlen

400 g Makkaroni

40 g Butter

40 g Mehl

400 ml Milch

Fett für die Form

KÄSE-BROT-AUFLAUF

Erinnert an Käsefondue

4 Eier	Den Backofen auf 180 °C vorheizen.
150 ml süße Sahne	
200 ml Milch	Die Eier trennen und das Eiweiß leicht
Muskatnuss, frisch gerieben	schlagen. Eigelbe, Sahne und Milch ver-
Salz	quirlen und mit Muskatnuss, Salz und
Pfeffer, frisch gemahlen	Pfeffer würzen. Das Eiweiß unter die Ei-
10 Weißbrotscheiben	gelbmischung heben. Die Brotscheiben
Butter für die Form	toasten und eine ofenfeste Form buttern.

4 Eier

150 ml süße Sahne

200 ml Milch

Muskatnuss, frisch gerieben

Salz

Pfeffer, frisch gemahlen

10 Weißbrotscheiben

Butter für die Form

10 Scheiben Emmentaler oder Greyerzer, ca. 250 g

180 ml Weißwein, trocken

Den Backofen auf 180 °C vorheizen.

Die Eier trennen und das Eiweiß leicht schlagen. Eigelbe, Sahne und Milch verquirlen und mit Muskatnuss, Salz und Pfeffer würzen. Das Eiweiß unter die Eigelbmischung heben. Die Brotscheiben toasten und eine ofenfeste Form buttern.

Die Brot- und Käsescheiben abwechselnd in die Form schichten, so dass sie sich halb überlappen. Den Wein darüber träufeln und die Eiermischung über die Käse- und Brotscheiben verteilen. Im vorgeheizten Backofen auf der mittleren Schiene etwa 30 Minuten überbacken.

ÜBERBACKENE MANGOLDSTIELE

Mit Oliven und Thymian

Mangold waschen, putzen und die Blätter entfernen. Die Stiele in ca. 5 cm lange Stücke schneiden. Thymian waschen, trockentupfen, von einem Zweig die Blätter abzupfen und hacken. Zwiebel und Knoblauch schälen und beides hacken. Den Käse reiben. Die Zitronenhälfte auspressen.

Den Backofen auf 180 °C vorheizen.

In einem Topf 250 ml Wasser, das Lorbeerblatt, die Thymianzweige, das Salz, den Zitronensaft und den Wein zum Kochen bringen. Die Mangoldstiele darin 10–15 Minuten köcheln lassen. Das Gemüse abgießen und den Sud dabei auffangen.

Die Zwiebel und den Knoblauch im Olivenöl glasig dünsten. Das Mehl einrühren und mit der Sahne und 200 ml des Kochsuds ablöschen. Die Soße glatt rühren und 10 Minuten köcheln lassen. 80 g des geriebenen Käses darin schmelzen lassen und mit Muskatnuss und Pfeffer abschmecken. Eine feuerfeste Form buttern. Die Mangoldstiele und die Oliven hineingeben und mit der Soße übergießen. Im vorgeheizten Backofen 45 Minuten backen. 10 Minuten vor Ende der Garzeit mit dem restlichen Käse betreuen.

Mit gehacktem Thymian bestreut servieren.

1,2 kg Mangold

5 Zweige Thymian

1 Zwiebel

1–2 Knoblauchzehen

100 g Pecorino

½ Zitrone, unbehandelt

1 Lorbeerblatt

1 Teelöffel Salz

250 ml Weißwein, trocken

3 Esslöffel Olivenöl

15 g Mehl

100 ml süße Sahne

Muskatnuss, frisch gerieben

Pfeffer, frisch gemahlen

Butter für die Form

120 g schwarze Oliven, entsteint

 Mangoldgrün

Das Mangoldgrün kann man für das Rezept „Mangoldsoufflé" auf Seite 40 verwenden.

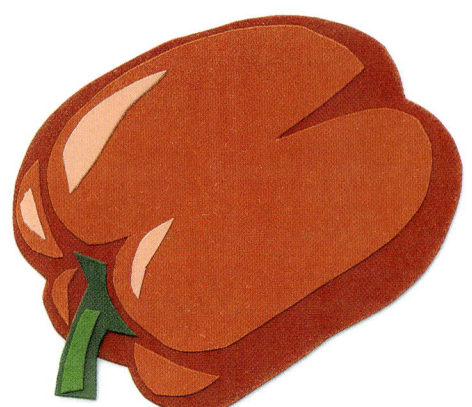

GEGRILLTES GEMÜSE

Mit einer leichten Vinaigrette

Den Grill auf höchster Stufe vorheizen.

Die Zucchini und die Lauchstangen waschen, putzen und längs halbieren. Die Pilze trocken putzen und die Stiele entfernen. Die Paprika waschen, achteln und die Kerne entfernen. Aubergine waschen, putzen und in dünne Scheiben schneiden. Den Knoblauch schälen. Schnittlauch und Petersilie waschen, trockentupfen und fein hacken.

Für das Dressing den Essig, den Senf, 75 ml des Olivenöls und den Oregano verrühren. Mit Salz, Pfeffer und Cayennepfeffer abschmecken.

Die Gemüse nebeneinander auf einen Rost legen und mit 50 ml Olivenöl bepinseln. Über die Fettpfanne für ca. 3-4 Minuten unter den Grill schieben. Dann die Gemüsescheiben wenden, nochmals mit dem restlichen Olivenöl bepinseln und weitere 3-4 Minuten unter den Grill geben.

Das Gemüse in eine Schüssel geben und das Dressing unterheben. Mit Schnittlauch und Petersilie bestreut servieren.

Dazu schmeckt Focaccia (Seite 23) oder Olivenbrot (Seite 33).

5 kleine Zucchini

4 kleine Stangen Lauch

8-10 Champignons

2 mittelgroße rote Paprikaschoten

1 mittelgroße Aubergine

2 Knoblauchzehen

1 Bund Schnittlauch

4 Zweige Petersilie

2-3 Esslöffel Balsamico-Essig

1 Esslöffel Dijon-Senf

175 ml Olivenöl

1-2 Teelöffel Oregano, getrocknet

Salz

Pfeffer, frisch gemahlen

Cayennepfeffer

GEFÜLLTE PAPRIKASCHOTEN

Mit Reis, Austernpilzen und Feta

Den Backofen auf 150 °C vorheizen.

Paprika waschen, trocknen, den Deckel am Stielende abschneiden und die Schoten entkernen. Knoblauch schälen und in dünne Scheiben schneiden. Die Aubergine waschen, putzen und in 1 cm große Würfel schneiden. Zwiebel schälen und würfeln. Austernpilze trocken putzen und in Streifen schneiden. In eine Auflaufform etwas Wasser füllen, so dass der Boden bedeckt ist. 3 Esslöffel Olivenöl hineingeben. Die Paprikaschoten in die Form stellen und im vorgeheizten Backofen auf der mittleren Schiene 20 Minuten garen.

In einer Pfanne das restliche Olivenöl erhitzen, die Butter dazugeben und die Zwiebelwürfel darin glasig schwitzen. Knoblauch, Auberginen und Austernpilze dazugeben und anbraten. Danach den Reis 1 Minute mit anbraten. Die Tomaten und den Tomatensaft zugeben. Alles ca. 15 Minuten garen; zwischendurch eventuell Wasser angießen. Der Reis soll zum Schluss alle Flüssigkeit aufgesogen haben. Mit Muskat, Kräutersalz, Pfeffer und Cayenne würzen.

Die Paprikaschoten aus dem Ofen nehmen und abwechselnd mit Reis und zerkrümeltem Feta füllen. Die letzte Schicht sollte Feta sein. Im Backofen weitere 30 Minuten garen.

4 rote Paprikaschoten

1 Knoblauchzehe

1 Aubergine

1 große Zwiebel

250 g Austernpilze

5 Esslöffel Olivenöl

10 g Butter

200 g Basmati-Reis

1 Dose Tomaten, Abtropfgewicht 400 g

Muskatnuss, frisch gerieben

Kräutersalz

Pfeffer, frisch gemahlen

Cayennepfeffer

150 g Feta

GEFLÜGEL

HÜHNCHEN AUF APFEL-ZWIEBEL-MUS

Mariniert mit Honig und Senf

4 Hühnerbeine

4 Zweige Rosmarin

4 große Äpfel, z.B. Boskop

8 Schalotten

5 Esslöffel Olivenöl

50 ml Vin Santo oder süßer Sherry

200 ml Hühnerbrühe

5 Wacholderbeeren

2 Lorbeerblätter

1-2 Teelöffel brauner Zucker

Salz

Pfeffer, frisch gemahlen

Fett für die Form

2 Teelöffel Senf

3 Teelöffel Honig

½ Teelöffel Rosenpaprikapulver

Die Hühnerbeine waschen, trockentupfen und die Haut an einigen Stellen einritzen. Rosmarin waschen und trockentupfen. Die Äpfel schälen, halbieren und entkernen. Die Apfelhälften in 2 cm dicke Stücke schneiden. Die Schalotten schälen und in feine Ringe schneiden.

Den Backofen auf 200 °C vorheizen.

Schalotten in 2 Esslöffel Olivenöl glasig anschwitzen und dann die Apfelstücke dazugeben. Etwa 5 Minuten braten und mit Vin Santo und der Hühnerbrühe ablöschen. Wacholderbeeren, Lorbeerblätter und 2 Rosmarinzweige hinzufügen und auf kleiner Flamme etwa 15 Minuten köcheln, bis die Flüssigkeit verkocht ist. Den Rosmarin entfernen und alles mit Zucker, Salz und Pfeffer abschmecken. Das Apfel-Zwiebel-Mus in eine gefettete Auflaufform geben.

Restliche Rosmarinzweige zerkleinern und in die Einschnitte an den Hühnerbeinen stecken. Das restliche Olivenöl mit Senf, Honig und Rosenpaprika verrühren und das Geflügel damit einpinseln. Hühnerbeine auf das Mus legen und im vorgeheizten Backofen auf der mittleren Schiene ca. 30 Minuten braten.

Dazu schmeckt italienisches Brot.

STUBENKÜKEN IN PERNOD

Mit kräftigem Anisgeschmack

Den Backofen auf 200 °C vorheizen.

Die Knoblauchzehen aus der Knolle lösen, aber nicht schälen. Kartoffeln gründlich waschen. Butter in dünne Scheiben schneiden und zum Binden der Soße kalt stellen. Die Stubenküken waschen und trockentupfen. Anissamen im Mörser zerdrücken.

Stubenküken innen und außen salzen und pfeffern. Die Anissamen in die Hühnchen geben. Das Olivenöl in einem Bräter erhitzen und die Küken darin anbraten. Mit dem Geflügelfond ablöschen. Kartoffeln und Knoblauchzehen dazugeben, alles aufkochen lassen und den Pernod angießen. Den Bräter mit Deckel im vorgeheizten Backofen auf der unteren Schiene etwa 45 Minuten garen. Zwischendurch eventuell Pernod nachgießen.

Die Knoblauchzehen entfernen. Die Stubenküken herausnehmen und warm stellen. Die Soße mit der eiskalten Butter binden und dazu servieren.

1 Knoblauchknolle

16 kleine Kartoffeln, fest kochend

20 g Butter

4 Stubenküken

2–3 Teelöffel Anissamen

Salz

Pfeffer, frisch gemahlen

2–3 Esslöffel Olivenöl

300 ml Geflügelfond

60 ml Pernod

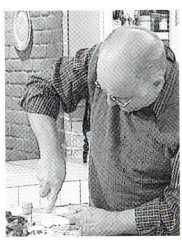

 Binden der Soße

Durch Unterrühren von eiskalter Butter bekommt die Soße eine sämige Konsistenz. Danach darf die Soße allerdings nicht mehr kochen, da sie sonst gerinnt.

GROSSMUTTERS HUHN

Deftig mit Speck, Salbei, Kartoffeln und Schalotten

Den Backofen auf 200 °C vorheizen.

Das Huhn innen und außen waschen und trockentupfen. Die Kartoffeln schälen, waschen und halbieren. Schalotten schälen und Speck würfeln. Die Petersilie und die Salbeiblätter waschen und trockentupfen. Petersilienblätter abzupfen und fein hacken.

Pfeffer, Salz und Kümmel vermischen und das Huhn innen und außen damit einreiben. Die Schenkel und die Flügel mit Küchengarn an den Körper binden, dabei je 2 Salbeiblätter zwischen Schenkel und Brust legen. Das Huhn in einen Bräter legen.

In einer Pfanne den Speck in Butter auslassen und über das Huhn gießen. Im vorgeheizten Backofen auf der unteren Schiene 20 Minuten braten. Kartoffeln und Schalotten zum Huhn in den Bräter legen und mit der Hälfte der Brühe begießen. Weitere 40 Minuten garen und dabei alle 10 Minuten Brühe nachgießen. Falls die Kartoffeln zu viel Flüssigkeit aufgesogen haben, etwas Wasser nachgießen.

Kartoffeln und Zwiebeln mit Petersilie bestreuen und zusammen mit dem tranchierten Huhn servieren.

1 Huhn, ca. 1,5 kg

500 g kleine Kartoffeln

8 mittelgroße Schalotten

150 g durchwachsener Speck

1 Bund Petersilie

4 Blätter Salbei

½ Teelöffel weißer Pfeffer, frisch gemahlen

2 Teelöffel Salz

1 Teelöffel Kümmel, gemahlen

30 g Butter

125 ml Hühnerbrühe

Küchengarn

POULET PROVENCALE

Huhn mit Honig und Knoblauch

1 Huhn, ca. 1,2 kg

Salz

Pfeffer, frisch gemahlen

5 Knoblauchzehen

5 Zweige Rosmarin

3 Tomaten

500 g kleine Kartoffeln

2–3 Esslöffel Honig

100 g Butter, zimmerwarm

1–2 Esslöffel Olivenöl

Den Backofen auf 165 °C vorheizen.

Das Huhn waschen, trockentupfen und innen salzen und pfeffern. Knoblauch schälen. Rosmarin waschen und trockentupfen. Von 2 Zweigen die Nadeln abzupfen und klein hacken. Die Tomaten waschen, halbieren und den Stielansatz entfernen. 1 Knoblauchzehe pressen und auf die Schnittflächen der Tomaten streichen. Kartoffeln gründlich waschen.

3 Rosmarinzweige, 1 Teelöffel Honig und 2 ganze Knoblauchzehen in das Huhn geben. Die Butter mit dem restlichen Honig vermischen und 2 Knoblauchzehen dazupressen. Mit dieser Paste das Hühnchen außen einreiben. Anschließend salzen und pfeffern und mit den gehackten Rosmarinnadeln bestreuen.

Die kleinen Kartoffeln und die halbierten Tomaten in eine geölte Fettpfanne legen. Das Huhn auf einem Rost über der Fettpfanne 15 Minuten auf der unteren Schiene im vorgeheizten Backofen braten. Dann die Temperatur auf 180 °C hochstellen und weitere 45 Minuten braten. Das Huhn ab und zu mit dem ausgetretenen Bratensaft bepinseln.

Die gebackenen Kartoffeln und Tomaten zusammen mit dem Huhn servieren.

 Garprobe

Um zu prüfen, ob das Huhn gar ist, sticht man mit einer Messerspitze in die Keule. Es ist gar, wenn der austretende Saft farblos und nicht mehr rosarot ist.

PERLHUHN MIT MORCHELN

Mit Frischkäse, Cognac und Speck

20 g getrocknete Morcheln

1 küchenfertiges Perlhuhn, ca. 1,2 kg

50 g Frischkäse

Salz

Pfeffer, frisch gemahlen

200 g Räucherspeck, in Scheiben

2 Esslöffel Pflanzenöl

100 g Crème fraîche

30-40 ml Cognac

Küchengarn

Die Morcheln in ¼ l Wasser ca. 1 Stunde einweichen.

Den Backofen auf 200 °C vorheizen.

Das Perlhuhn waschen, trockentupfen und restliche Federkiele auszupfen. Die Flügel und die Beine mit Küchengarn festbinden. Den Frischkäse mit Salz und Pfeffer abschmecken und damit das Perlhuhn füllen.

In einem Bräter die Speckscheiben auslassen und das Perlhuhn im ausgetretenen Fett anbraten. Das Huhn in den vorgeheizten Backofen auf die untere Schiene schieben und etwas Wasser angießen. Während der 60-minütigen Garzeit das Huhn mehrmals mit Wasser und Bratensaft begießen.

Die Morcheln gründlich waschen, in ein Sieb geben, abbrausen und gut abtropfen lassen. Das Öl in einer Pfanne erhitzen, die Morcheln darin auf kleiner Flamme ca. 15 Minuten schmoren und mit Salz und Pfeffer würzen.

Perlhuhn aus dem Ofen nehmen, tranchieren und warm stellen. Crème fraîche und Cognac zum Bratensaft geben, einmal kurz aufkochen und die Morcheln dazugeben. Das Perlhuhn mit den Morcheln und der Soße servieren.

 Morcheln

Morcheln sind sehr teuer. Für die Soße lässt sich auch der wesentlich günstigere Morchelbruch verwenden.

ROAST CHICKEN

Brathuhn mit getrockneten Tomaten, Wasserkastanien, Rosmarin und Salbei

Das Huhn waschen und trockentupfen. Knoblauchzehen schälen. Die Wasserkastanien in Stifte schneiden. Die getrockneten Tomaten in warmem Wasser mindestens 1 Stunde einweichen, dann abgießen und dabei das Einweichwasser auffangen.

Den Backofen auf 200 °C vorheizen.

Tomaten in Stücke schneiden und zusammen mit dem Wein und 80 ml Wasser 5–10 Minuten köcheln lassen. Oregano, Salbei, Rosmarin und Wasserkastanien unterrühren.

Die Haut des Brathuhnes an der Brust vorsichtig ablösen, die Gewürzmischung darunter schieben und verteilen. Das Huhn innen und außen salzen und pfeffern; mögliche Reste der Gewürzmischung in das Huhn geben. In einem Bräter das Öl erhitzen und das Huhn darin von allen Seiten scharf anbraten. Die Knoblauchzehen in den Bräter geben und diesen bei geschlossenem Deckel in den vorgeheizten Backofen schieben. Etwa 40–50 Minuten im Ofen garen.

Das Huhn warm stellen und den Bratensatz mit dem Einweichwasser der Tomaten loskochen. Mit Salz und Pfeffer abschmecken und zum Huhn servieren.

1 Brathuhn, ca. 1,3 kg

1 Knoblauchknolle

7–9 Wasserkastanien aus der Dose (Asienladen)

12 getrocknete Tomaten

80 ml Wein, rot oder weiß

1 Teelöffel Oregano, getrocknet

1½ Teelöffel Salbei, getrocknet

2 Teelöffel Rosmarin, getrocknet

½ Teelöffel Meersalz

1 Teelöffel schwarzer Pfeffer, frisch gemahlen

1 Esslöffel Olivenöl

1 Esslöffel Sonnenblumenöl

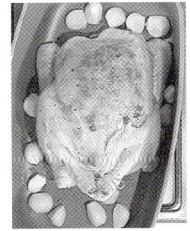

 **Besonders knuspriges Brathuhn**

Das Huhn wird krosser, wenn man den Deckel des Bräters im Backofen während der letzten 10 Minuten abnimmt.

FLEISCH

TOSKANISCHER FILETTOPF

Schweinefleisch mit Speck und Kräutern in einer Tomatensoße

Den Backofen auf 180 °C vorheizen.

Das Fleisch waschen, trockentupfen und in Medaillons schneiden. Knoblauch schälen und eine Auflaufform mit der Hälfte der Butter einfetten. Die Baconscheiben halbieren, die Medaillons jeweils mit einer halbierten Scheibe umwickeln und dicht an dicht in die gefettete Form legen.

Sahne im Topf erhitzen. Tomaten, Ketchup und Tomatenmark in die Sahne rühren. Mit gepresstem Knoblauch, den Kräutern und den Gewürzen pikant abschmecken, einmal aufkochen und heiß über das Fleisch geben. Restliche Butter in Flöckchen und die Semmelbrösel darauf verteilen und 30 Minuten im vorgeheizten Backofen auf der mittleren Schiene garen.

Dazu schmeckt ein frisches Baguette.

500 g Schweinefilet

2–3 Knoblauchzehen

20 g Butter

200 g Bacon

400 ml süße Sahne

300 g Tomaten, frisch oder aus der Dose

2–3 Esslöffel Ketchup

2 Teelöffel Tomatenmark

je 1 Teelöffel:

- Rosmarin, getrocknet

- Basilikum, getrocknet

- Thymian, getrocknet

- Paprikapulver

- Cayennepfeffer

1 Esslöffel Semmelbrösel

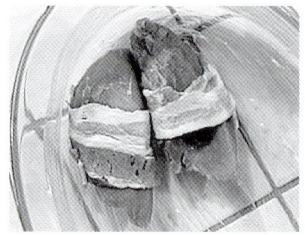

GUINNESS-STEW

Irischer Lammtopf mit Walnüssen

Den Backofen auf 170 °C vorheizen.

Die Zwiebeln schälen und würfeln. Das Lammfleisch waschen, trockentupfen in ca. 2 cm dicke Würfel schneiden. Knoblauch schälen. Den Thymian waschen und trockentupfen.

Das Olivenöl in einem Bräter erhitzen und das Fleisch darin in 2 Portionen kross anbraten. Die Fleischstücke herausnehmen und die Zwiebeln im Bräter anbräunen. Den Knoblauch dazu-pressen und das Fleisch wieder hinzugeben. Alles ca. 5 Minuten schmoren lassen und dann das Mehl darüber streuen. Das Bier, die Thymianzweige und die Lorbeerblätter hineingeben und mit Pfeffer und Salz würzen.

Mit geschlossenem Deckel im vorgeheizten Backofen auf der unteren Schiene 1 Stunde garen. Dann die Walnusskerne dazugeben und 1 weitere Stunde bei gleicher Temperatur schmoren lassen.

2 große Zwiebeln, ca. 350 g

800 g Lammfleisch, aus der Keule

2 Knoblauchzehen

2 Esslöffel Olivenöl

1 Esslöffel Mehl

500 ml Guinness (dunkles Bier)

1 Bund Thymian

2–3 Lorbeerblätter

Pfeffer, frisch gemahlen

Salz

150 g Walnusskerne

LAMMKOTELETTS MIT MINZÖL

Mit Auberginen, Tomaten und Basilikum

Den Backofen auf 200 °C vorheizen.

Tomaten und Auberginen waschen. Die Tomaten halbieren und den Stielansatz herausschneiden. Die Auberginen waschen, putzen und quer in 1,5 cm dicke Scheiben schneiden. Basilikum und Minze waschen, trockentupfen und die Blätter abzupfen. Die Basilikumblätter in Streifen schneiden. Knoblauch schälen.

Die Auberginenscheiben in 2 Esslöffel Olivenöl in einer Pfanne von beiden Seiten anbräunen. Anschließend mit den Tomaten-hälften auf ein Backblech legen. Den Knoblauch darüber pres-sen. Mit Oregano, Salz und Pfeffer würzen. Basilikumstreifen darüber verteilen und mit 2 Esslöffel Olivenöl beträufeln.

Im Mixer die Minze mit dem Rotweinessig und 6 Esslöffel Olivenöl pürieren. Mit Salz, Pfeffer und Zucker abschmecken. Von diesem Minzöl etwas über das Gemüse auf dem Backblech träufeln und alles im vorgeheizten Backofen auf der mittleren Schiene ca. 30 Minuten backen.

In einer Pfanne das restliche Olivenöl stark erhitzen und darin die Koteletts scharf anbraten. Anschließend auf das Gemüse legen, salzen und pfeffern. Je nachdem, wie gut das Fleisch durchgebraten sein soll, 10–15 Minuten im Backofen garen.

Das Lamm 3–5 Minuten ruhen lassen. Danach mit dem Gemüse auf Tellern anrichten und mit dem Minzöl beträufelt servieren.

500 g Tomaten

500 g Auberginen

½ Bund Basilikum

1–2 Bund Minze

10 Knoblauchzehen

12 Esslöffel Olivenöl

2 Teelöffel Oregano

Salz

Pfeffer, frisch gemahlen

2–3 Esslöffel Rotweinessig

1 Prise Zucker

6 Lammkoteletts, doppelt dick geschnitten

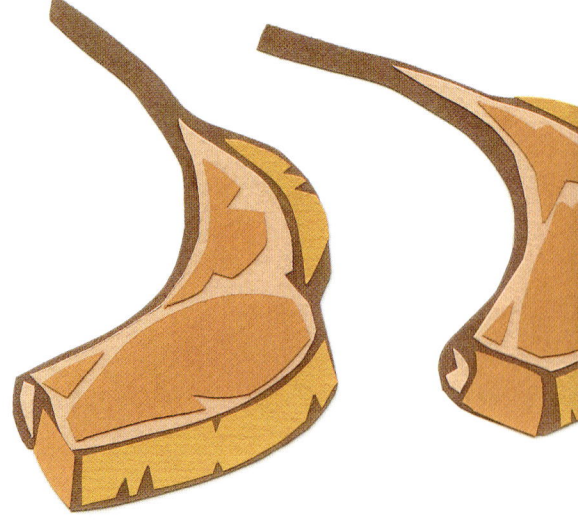

LAMMKOTELETTS MIT ROSMARINKARTOFFELN

Mit Knoblauch und Sesam

5 Zweige Rosmarin

7–8 Knoblauchzehen

6–7 Esslöffel Olivenöl

8 Lammkoteletts

500 g kleine Kartoffeln

2 Esslöffel Sesamkörner

Salz

Pfeffer, frisch gemahlen

Rosmarin waschen, trockentupfen, von 2 Zweigen die Nadeln abzupfen und hacken. 3 Knoblauchzehen schälen und klein schneiden. Knoblauch und gehackten Rosmarin mit 3–4 Esslöffel Olivenöl verrühren. Damit die Lammkoteletts bestreichen und am besten über Nacht marinieren.

Den Backofen auf 180 °C vorheizen.

Die Kartoffeln gründlich waschen, je nach Größe eventuell halbieren und auf einem Backblech oder einer Reine verteilen. 4–5 ungeschälte Knoblauchzehen dazwischen legen, mit 2 Esslöffel Olivenöl beträufeln und 3 Rosmarinzweige dazulegen. Alles mit Sesamkörnern bestreuen und im vorgeheizten Backofen auf der mittleren Schiene ca. 40 Minuten garen. Sollten die Kartoffeln dann noch nicht knusprig sein, den Ofen einige Minuten auf 220 °C stellen.

Die marinierten Koteletts salzen und pfeffern und in 1 Esslöffel heißem Olivenöl 3–4 Minuten scharf braten.

Koteletts und Rosmarinkartoffeln zusammen servieren und die Knoblauchzehen nach Geschmack mit einer Gabel ausdrücken.

COTE DE BOEUF

Saftige Hohe Rippe mit Salbei und Rosmarin

1 Zweig Rosmarin
2 Zweige Salbei
1 Esslöffel Schweineschmalz
1 Schalotte
20 g Butter
1 Stück Hohe Rippe (Côte de Boeuf),
ca. 3-4 cm dick
30-40 ml Portwein
100 ml Rinderbrühe
25 ml Balsamico-Essig
grobes Meersalz
Pfeffer, frisch gemahlen

Den Backofen auf 100 °C vorheizen.

Rosmarin und Salbei waschen und trockentupfen. Schweine-schmalz in einer Pfanne erhitzen. Die Schalotte schälen und sehr fein schneiden. Butterflöckchen in den Eisschrank legen.

Das Fleisch in der Pfanne unter Wenden ca. 5 Minuten scharf anbraten. Dann aus der Pfanne nehmen, die äußere Fett-schicht abschneiden und das Côte de Boeuf in einen Bräter legen. Mit dem Rosmarinzweig und der Hälfte der Salbeiblätter im vorgeheizten Backofen ca. 25 Minuten auf der mittleren Schiene braten.

Währenddessen das abgeschnittene Rinderfett sehr fein wür-feln und in der Pfanne rösten. Danach die Würfel in ein Sieb geben und das Bratfett abtropfen lassen. Schalotte und geröste-tete Fettwürfel wieder in die Pfanne geben und die Schalotte glasig anschwitzen. Mit dem Portwein ablöschen und mit der Rinderbrühe ca. 5 Minuten einköcheln lassen. Den Balsamico und den restlichen Salbei hinzugeben und mit grobem Meer-salz und Pfeffer abschmecken. Zum Schluss eiskalte Butter-flöckchen unterrühren.

RINDERFILET AUS DEM OFEN

Auf einem Gemüsebett mit Rotwein, Thymian und Lorbeer

Den Backofen auf 200 °C vorheizen.

Zucchini und Kartoffeln waschen, schälen und in Scheiben schneiden. Tomaten häuten und vierteln. Die Champignons trocken putzen und blätterig schneiden. Die Zwiebel schälen und würfeln. Thymian und Rosmarin waschen, trockentupfen und zu 2 Sträußchen zusammenbinden. Das Filet waschen, trockentupfen, salzen und pfeffern.

Pflanzenöl in einem Bräter erhitzen und das Fleisch darin von allen Seiten gut anbraten. Danach das Filet aus dem Bräter nehmen und das Gemüse hineingeben. Salzen, pfeffern und den Rotwein angießen. Das Fleisch obenauf legen und Thymian, Rosmarin und Lorbeerblätter darauf verteilen. Im vorgeheizten Backofen auf der mittleren Schiene 45 Minuten garen. Gewürzsträußchen entfernen, das Fleisch herausnehmen und warm stellen. Die Crème fraîche unter die Gemüse rühren, kurz aufkochen und das Filet mit dem Gemüse servieren.

jeweils 500 g:

- Zucchini

- Kartoffeln

- Tomaten

- Champignons

1 große Zwiebel

6 Zweige Thymian

6 Zweige Rosmarin

1,5 kg Rinderfilet

Salz

Pfeffer, frisch gemahlen

4 Esslöffel Pflanzenöl

150 ml Rotwein

4 Lorbeerblätter

200 g Crème fraîche

KANINCHEN-CACCIATORE

Über Nacht mariniert in Wein und Gewürzen

1-2 Möhren

¼ Sellerieknolle

2 Knoblauchzehen

2 Zwiebeln

2 Zweige Rosmarin

2 Lorbeerblätter

5 Wacholderbeeren

½-¾ l Rotwein, trocken

4 Kaninchenkeulen

Salz

Pfeffer, frisch gemahlen

4-5 Esslöffel Olivenöl

¼ l Fleischbrühe

150 g Crème fraîche

1 Gefrierbeutel

Möhren und Sellerie waschen, schälen und in grobe Würfel teilen. Knoblauchzehen und 1 Zwiebel schälen. Rosmarinzweige waschen, trockentupfen, die Nadeln abzupfen und diese sehr fein hacken. Die Rosmarinstiele und die Lorbeerblätter mit Küchengarn zusammenbinden.

Die Gemüse, die zusammengebundenen Gewürze, Wacholderbeeren, die Zwiebel, die Knoblauchzehen und den Wein im Topf aufkochen und dann wieder erkalten lassen. Die Kaninchenkeulen zusammen mit der Marinade in einen Gefrierbeutel geben, diesen verknoten und alles 24 Stunden ziehen lassen.

Den Backofen auf 200 °C vorheizen.

Keulen aus dem Beutel nehmen, Kräuter entfernen und die Marinade und Gemüse aufbewahren. Die Kaninchenkeulen trockentupfen, salzen und pfeffern. Die zweite Zwiebel schälen und in Ringe schneiden. Das Öl in einem Bräter erhitzen und darin die Keulen scharf anbraten. Das Fleisch herausnehmen, die Zwiebelringe im Bräter andünsten und mit der Fleischbrühe ablöschen. Nun das Gemüse, die Marinade und die Keulen dazugeben. Im vorgeheizten Backofen auf der mittleren Schiene etwa 1 Stunde garen.

Das Fleisch herausnehmen und warm stellen. Die Soße pürieren und mit der Crème fraîche aufkochen lassen. Mit Salz, Pfeffer und den gehackten Rosmarinnadeln würzen.

Kaninchen auf Tellern anrichten und mit der Soße servieren.

LEBERKÄSE

Deftiges aus Süddeutschland

jeweils 400 g:
- Schweine- oder Kalbsleber
- Rindfleisch
- Schweinefleisch
2 Knoblauchzehen
150 g Schinkenspeck
2 Zwiebeln
2 Semmeln, altbacken
¼–½ l Fleischbrühe
1 Bund Petersilie
1 Teelöffel Majoran, getrocknet
1 Teelöffel Thymian, getrocknet
½ Teelöffel Rosmarin, getrocknet
½ Teelöffel Kümmel
Muskatnuss, frisch gerieben
1 Ei
Salz
Pfeffer, frisch gemahlen
100 g Schweineschmalz

Die Leber und das Fleisch waschen und trockentupfen. Leber häuten und ebenso wie das Rind- und das Schweinefleisch in kleine Stücke schneiden. Knoblauch schälen. Die Petersilie waschen, trockentupfen, die Blätter abzupfen und fein hacken. Den Speck und die geschälten Zwiebeln würfeln. Die Semmeln in etwas Fleischbrühe einweichen und ausdrücken. Leber, Fleisch, Speck, Zwiebeln und Semmeln zusammen mehrmals durch den Fleischwolf drehen, bis eine feine Masse entsteht. Die Kräuter, die Gewürze, das Ei, den gepressten Knoblauch, Salz und Pfeffer darunter rühren und so viel Fleischbrühe dazugeben, dass ein geschmeidiger Fleischteig entsteht. Den Teig etwa 45 Minuten ziehen lassen.

Den Backofen auf 200 °C vorheizen.

Eine Kastenform mit etwas Schweineschmalz einfetten, die Fleischmasse hineinfüllen und im vorgeheizten Backofen etwa 70 Minuten backen. Danach den Leberkäse stürzen und die Kruste mit dem restlichen Schmalz bestreichen.

Der Leberkäse kann warm oder kalt gegessen werden.

AUBERGINEN-HACKFLEISCH-AUFLAUF

Mit Spinat und Tomaten

400 g Auberginen

3 Schalotten

1–2 Knoblauchzehen

500 g Spinat

500 g Tomaten

100 g Parmesan, am Stück

100 g mittelalter Gouda

6–8 Blätter Salbei

5 Esslöffel Olivenöl

200 g Rinderhack

200 g Schweinehack

Salz

Pfeffer, frisch gemahlen

Cayennepfeffer

1 Esslöffel Tomatenmark

75 ml Rotwein, trocken

Öl für die Form

2 Eier

125 ml Milch

Die Auberginen waschen, putzen und quer in 0,5 cm dicke Scheiben schneiden. Schalotten schälen und hacken. Knoblauch schälen. Den Spinat putzen und gründlich waschen. Die Tomaten waschen und in Scheiben schneiden. Den Käse reiben. Salbeiblätter waschen, trockentupfen und schneiden. Ein paar geschnittene Salbeiblätter zur Seite stellen.

In einer Pfanne ⅔ der gehackten Schalotten in 1 Esslöffel Olivenöl glasig dünsten und das Hackfleisch bei großer Hitze unter Rühren anbraten. Die Hälfte des Knoblauchs dazupressen und mit Salz, Pfeffer, Salbei und Cayennepfeffer würzen. Tomatenmark dazugeben und mit anbraten. Anschließend alles mit dem Rotwein ablöschen.

Den Backofen auf 180 °C vorheizen.

Die Auberginenscheiben in 3 Esslöffel Olivenöl braun braten, salzen und pfeffern und etwas vom Knoblauch darüber pressen. Wenn nötig die Auberginenscheiben in zwei Etappen braten. Auf Küchenpapier abtropfen lassen.

Die restlichen Schalottenwürfel in 1 Esslöffel Olivenöl anschwitzen und den restlichen Knoblauch dazupressen. Den Spinat dazugeben und salzen und pfeffern. Bei geschlossenem Deckel unter gelegentlichem Rühren in 5–8 Minuten zusammenfallen lassen und in einem Sieb abtropfen. In einer geölten Form Hackfleisch, Auberginen und ¾ der Tomaten abwechselnd schichten und obenauf den Spinat und die restlichen Tomatenscheiben legen.

Den geriebenen Käse mit den Eiern und der Milch verrühren und über den Spinat gießen. Den beiseite gestellten gehackten Salbei darüber streuen und im vorgeheizten Backofen auf der mittleren Schiene 20–25 Minuten backen.

GESCHMORTE BEINSCHEIBE

Mediterran mit getrockneten Tomaten, Thymian, Lorbeer und Zitrone

Getrocknete Tomaten in Essig und 350 ml Wasser 1–2 Stunden einweichen.

Den Backofen auf 200 °C vorheizen

Tomaten abspülen und in dünne Streifen schneiden. Petersilie waschen, trockentupfen und fein wiegen. Zwiebeln und Knoblauch schälen. 1 Knoblauchzehe fein, die anderen zwei grob hacken. Die Zitrone waschen, abtrocknen und die Schale in Zesten abziehen. Den Thymian waschen und trockentupfen.

Die Fleischscheiben im Mehl wenden, salzen und pfeffern und im Bräter auf beiden Seiten im Olivenöl scharf anbraten. Die Zwiebeln und den grob gehackten Knoblauch, Tomatenstreifen, Lorbeerblätter und Thymian dazugeben. Den Wein und die Brühe angießen und alles mit Deckel im vorgeheizten Backofen ca. 2 Stunden auf der untersten Schiene schmoren. Zwischendurch eventuell etwas Wein oder Wasser angießen.

Die Zitronenzesten mit der Petersilie und dem fein gehackten Knoblauch mischen und zu den Beinscheiben servieren.

50 g getrocknete Tomaten

50 ml Essig

4 Zweige glatte Petersilie

12 kleine Zwiebeln

3 Knoblauchzehen

1 Zitrone, unbehandelt

2 Zweige Thymian

1,5 kg Kalbshaxe,
in ca. 3 cm dicke Scheiben geschnitten

2 Esslöffel Mehl

Salz

Pfeffer, frisch gemahlen

3 Esslöffel Olivenöl

2 Lorbeerblätter

⅛ l Weißwein

⅛ l Fleischbrühe

FISCH

PESCE AL FORNO CON SALSA VERDE

Fisch mit grüner Petersilien-Kapern-Soße

Den Backofen auf 180 °C vorheizen.

Petersilie waschen, trockentupfen, Blättchen abzupfen und hacken. Die Kapern in ein Sieb geben und abbrausen. Die Fische waschen, trockentupfen und ihre Brustflossen entfernen. Knoblauch schälen und hacken. 4 Esslöffel Petersilie mit dem gehackten Knoblauch mischen. Die Fische beidseitig jeweils dreimal 3–4 cm lang einschneiden. In diese Einschnitte die Knoblauch-Petersilien-Mischung drücken. Die Fische innen salzen und pfeffern und jeweils 1 Zitronenscheibe hineinlegen.

Die Fische in eine mit Olivenöl gefettete, vorgewärmte feuerfeste Form legen und mit Weißwein und Olivenöl beträufeln. Oliven und Kapern darauf verteilen und mit Oregano bestreut im vorgeheizten Backofen auf der mittleren Schiene 30–35 Minuten garen. Nach 10 Minuten Garzeit den Essig über die Fische geben.

Für die Salsa Verde die gewaschenen und trockengetupften Petersilienblätter mit allen Zutaten im Mixer glatt pürieren und zu den tranchierten Fischen servieren.

Garprobe

Der Fisch ist gar, wenn sich die Rückenflosse leicht herausziehen lässt.

1 großes Bund Petersilie

1 Esslöffel Kapern

2 kleine Fische, küchenfertig, jeweils à 500 g (z.B. Dorade, Red Snapper oder Seewolf)

2 Knoblauchzehen

Salz

Pfeffer, frisch gemahlen

2 Zitronenscheiben

Olivenöl für die Form

3 Esslöffel Weißwein

4–5 Esslöffel Olivenöl

100 g grüne Oliven, entsteint

2 Teelöffel Oregano, getrocknet

3 Esslöffel Weißwein-Essig

Für die Salsa Verde:

2 Bund Petersilie

1 geschälte Knoblauchzehe

2 Esslöffel Kapern

7 grüne Oliven, entsteint

80 ml Olivenöl

1 Esslöffel Balsamico-Essig

schwarzer Pfeffer, frisch gemahlen

Salz

GESCHMORTER THUNFISCH

Mit Kapern, Basilikum und Minze

Den Backofen auf 175 °C vorheizen.

Tomaten häuten und entkernen. Die Zwiebel und den Knoblauch schälen. Oliven, Tomatenfleisch, Zwiebel, Knoblauch und Kapern fein hacken. Das Basilikum und die Minze waschen, trockentupfen und in Streifen schneiden. Den Thunfisch waschen, trockentupfen, salzen und pfeffern.

Eine feuerfeste Form mit 3 Esslöffel Olivenöl ausstreichen und den Fisch hineinlegen. Tomaten, Zwiebel, Knoblauch, Kapern und die Kräuter auf dem Fisch verteilen. Salzen und pfeffern und mit dem restlichen Olivenöl beträufeln. Den Wein darüber gießen und auf der mittleren Schiene im vorgeheizten Backofen 45 Minuten garen.

500 g Tomaten

1 kleine Zwiebel

2 Knoblauchzehen

10 schwarze Oliven, entsteint

1 Esslöffel Kapern

1 Bund Basilikum

2 Zweige Minze

4 Scheiben frischer Thunfisch, jeweils ca. 180 g

Salz

Pfeffer, frisch gemahlen

6 Esslöffel Olivenöl

⅛ l Weißwein

Tomaten häuten

Den Stielansatz entfernen und die Tomaten mit kochendem Wasser übergießen. Nach einigen Minuten herausnehmen, abschrecken und mit einem spitzen Messer die Haut einritzen und abziehen. Wenn sich die Haut noch nicht gut löst, sollten die Tomaten etwas länger im heißen Wasser bleiben.

HAMBURGER PANNFISCH AUF WIRSING

Traditioneller Fischauflauf mit Rotbarsch

Den Backofen auf 225 °C vorheizen.

Die Schalotten schälen und würfeln. Kartoffeln waschen, schälen und in Scheiben schneiden. Den Wirsing putzen, vierteln, den Strunk entfernen, die Wirsingblätter waschen und in Streifen schneiden. Tomaten waschen und Knoblauch schälen. Schnittlauch waschen, trockentupfen und in Röllchen schneiden. Den Fisch waschen, trockentupfen und in 3–4 cm dicke Streifen schneiden.

Die Crème double in einem Topf erhitzen, den Wirsing hineingeben, salzen und ca. 10 Minuten dünsten. Kartoffelscheiben in 2–3 Esslöffel Olivenöl so braten, dass sie innen weich und außen braun sind. Anschließend auf Küchenkrepp abtropfen lassen. Im restlichen Öl die Schalotten glasig dünsten, etwas abkühlen lassen und mit dem Senf vermischen.

Eine Auflaufform (ca. 30–35 cm Ø) mit 10 g Butter fetten. Kartoffeln in der Form schichten und die Senf-Schalotten-Mischung darüber verteilen. Darauf dann die Tomaten, den Wirsing und zum Schluss die Fischstreifen legen. Knoblauch darüber pressen. Mit Salz, Pfeffer und einer Prise Zucker würzen. Das Ganze im vorgeheizten Backofen auf der mittleren Schiene 20 Minuten garen.

In einer kleinen Pfanne die restliche Butter bräunen, den Schnittlauch dazugeben und über den fertigen Auflauf gießen.

750 g Schalotten

4 große Kartoffeln

1 Wirsing, ca. 500 g

350–400 g Kirschtomaten

2 Knoblauchzehen

1 Bund Schnittlauch

300 g Rotbarschfilet

250 g Crème double

Salz

3–4 Esslöffel Olivenöl

5–6 Esslöffel süßer Senf

125 g Butter

Pfeffer, frisch gemahlen

1 Prise Zucker

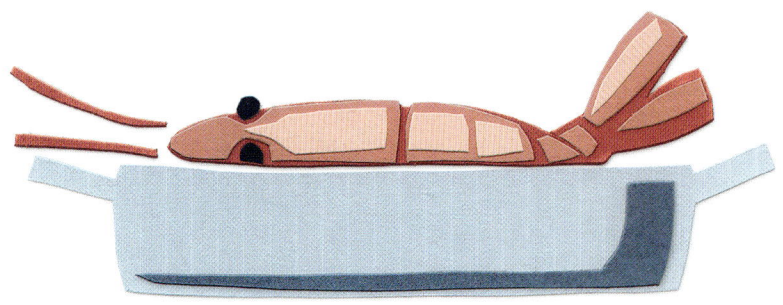

ÜBERBACKENE GARNELEN

Mit Oregano und Feta

400 g Garnelen, geschält

1 Zwiebel

3 Knoblauchzehen

1 kg Tomaten

1 Bund Frühlingszwiebeln

3 Zweige Petersilie

3 Esslöffel Olivenöl

1–2 Teelöffel Oregano, getrocknet

1 Teelöffel Zucker

1 Zimtstange

250 ml Weißwein, trocken

20 ml Ouzo

Pfeffer, frisch gemahlen

Salz

250 g Feta

Den Backofen auf 220 °C vorheizen.

Die Garnelen waschen und unter fließendem Wasser mit einem scharfen Messer den Darm entfernen. Zwiebel und Knoblauch schälen und fein hacken. Die Tomaten häuten, halbieren, den Stielansatz und die Kerne entfernen. Das Tomatenfleisch würfeln. Die Frühlingszwiebeln waschen, putzen und in Ringe schneiden. Petersilie waschen, trockentupfen und die Blättchen grob zupfen.

Zwiebeln im Olivenöl glasig dünsten. Frühlingszwiebeln, Knoblauch und Oregano dazugeben und 3–4 Minuten dünsten. Die Tomatenwürfel zusammen mit dem Zucker, der Zimtstange und dem Weißwein unterrühren und weitere 10 Minuten köcheln lassen. Den Ouzo dazugeben und mit Pfeffer und Salz abschmecken. Die Soße in eine ofenfeste Form geben, Garnelen hineinlegen und den Feta darüber reiben. Im vorgeheizten Backofen auf der mittleren Schiene 10–15 Minuten überbacken.

Mit der Petersilie bestreut servieren.

LACHSFORELLE IN DER FOLIE

Gebacken mit Oliven und Estragon

Den Backofen auf 200 °C vorheizen.

Den Fisch waschen und trockentupfen. Estragon ebenfalls waschen und trockentupfen. Zwiebel und Knoblauch schälen. Die Zwiebel in dünne Ringe schneiden und die Knoblauchzehen halbieren. Die Tomaten waschen und halbieren.

Die Forelle innen pfeffern, salzen und auf ein großes Stück Alufolie legen. Den Estragonzweig und Butterflöckchen in die Bauchöffnung geben. Zwiebelringe, Tomaten- und Knoblauchhälften, Kapern und Oliven um den Fisch legen. Die Alufolie oben zufalten, so dass kein Saft austreten kann. Auf einem Backblech im vorgeheizten Backofen auf mittlerer Schiene 20–25 Minuten backen.

1 Lachsforelle, ca. 600 g, küchenfertig

1 Zweig Estragon

½ Zwiebel

4 Knoblauchzehen

15 Kirschtomaten

Pfeffer, frisch gemahlen

Salz

25 g Butter

1 Teelöffel Kapern

10 grüne Oliven, entsteint

Alufolie

LACHS IM SALZTEIG

Ein Rezept für 6–8 Personen: ein ganzer Fisch, saftig und mit viel Dill

Den Backofen auf 200 °C vorheizen.

Mehl, Salz, Eier und 300 ml Wasser zu einem geschmeidigen Teig verkneten. Dieser dient dazu, den Fisch nicht austrocknen zu lassen. Er wird aber nicht mitgegessen.

Dill waschen, trockentupfen und fein hacken. Den Lachs waschen, trockentupfen und innen und außen salzen, pfeffern und großzügig mit Dill belegen. Den Teig teilen und zu 2 länglichen Platten ausrollen (mindestens so lang wie der Fisch). Ein Backblech mit Backpapier auslegen, eine Teigplatte darauf legen und mit Dill bestreuen. Darauf den Lachs geben und mit der zweiten Teigplatte bedecken, so dass der Fisch komplett eingehüllt ist. Die Teigränder nach oben einschlagen und festdrücken, damit der Saft nicht austreten kann. Im vorgeheizten Backofen auf der unteren Schiene 60 Minuten backen.

Mit einer Geflügelschere den oberen Teigdeckel in Fischgröße ausschneiden. Den Lachs mit einer Dill-Senf-Soße servieren.

Dill-Senf-Soße

Dill waschen, trockentupfen und sehr fein schneiden. Das Senfpulver mit dem Essig glatt rühren und mit Honig, Dijon-Senf und Öl zu einer Soße verquirlen. Den Dill unterrühren.

1 kg Mehl

1 kg Salz

2 Eier

3 Bund Dill

1 ganzer, frischer Lachs, ca. 3 kg, küchenfertig

Pfeffer, frisch gemahlen

Backpapier

Für die Dill-Senf-Soße:

2 Bund Dill

1 Teelöffel Senfpulver

1 Teelöffel Essig

2 Teelöffel Honig

2 Teelöffel Dijon-Senf

100 ml Pflanzenöl

FISCHAUFLAUF MIT ZIMT

Rotbarsch mit Tomaten orientalisch gewürzt

Den Backofen auf 200 °C vorheizen.

Knoblauchzehen schälen und mit der flachen Seite eines breiten Messers andrücken. Die Gemüsewiebel schälen und hacken. Chilischote waschen, entkernen und in feine Streifen schneiden. Diese in 2 Esslöffel Essig und dem Zucker ca. 15 Minuten einweichen. Tomaten häuten, entkernen und grob würfeln. Den Fisch waschen, trockentupfen und mit der Zitronenhälfte einreiben.

Den Knoblauch in 1 Esslöffel Olivenöl kurz anbraten und wieder aus der Pfanne nehmen. Die Zwiebel in dem Knoblauchöl glasig dünsten und mit dem Portwein ablöschen. Die Tomaten zugeben und kurz andünsten. Tomatenmark, Brühe, braunen Zucker, die Zimtstange, Garam Masala, die Lorbeerblätter und die abgegossene Chilischote dazugeben. Alles auf kleiner Flamme ½ Stunde köcheln lassen. Mit Salz, Pfeffer und Essig abschmecken.

Den Fisch salzen, pfeffern und in mundgerechte Stücke schneiden. Eine Auflaufform mit Olivenöl einfetten, die Soße und anschließend den Fisch hineingeben. Pecorino darüber reiben, Butterflöckchen darauf verteilen und alles mit Paprikapulver bestäuben. Im vorgeheizten Backofen auf der mittleren Schiene 15-20 Minuten backen.

Mit Reis oder Baguette servieren.

2 Knoblauchzehen

1 Gemüsezwiebel

1 rote Chilischote

3 Esslöffel Essig

1 Teelöffel Zucker

10 große Tomaten

750 g Rotbarschfilet

½ Zitrone, unbehandelt

2 Esslöffel Olivenöl

75 ml Portwein

2-3 Esslöffel Tomatenmark

125-150 ml Brühe

2 Esslöffel brauner Zucker

1 Zimtstange

1 Teelöffel Garam Masala (indische Gewürzmischung)

4 Lorbeerblätter

Salz

Pfeffer, frisch gemahlen

Olivenöl für die Form

50-80 g Pecorino

20 g Butter

1-2 Teelöffel Paprikapulver, süß

RED-SNAPPER-FILET IM BANANENBLATT

Asiatisch mit Kokosmilch und Curry

Den Backofen auf 180 °C vorheizen.

Limonenblätter und Basilikum waschen und trockentupfen.
Die Limonenblätter in Streifen schneiden. Basilikumblätter von
den Stielen zupfen. Den Fisch waschen, trockentupfen und in
4 gleich große Stücke schneiden.

Aus Kokosmilch, 1–2 Teelöffel roter Currypaste, Fischsoße und
Zucker eine Marinade rühren.

Das Bananenblatt waschen, trockentupfen und in jeweils 4
ca. 30 x 35 cm große Stücke teilen. Die Blätter entweder über
einer kleinen Gasflamme oder über dem Elektroherd auf niedrigs-
ter Stufe erwärmen. Sie bekommen dann eine glänzende und
wachsartige Oberfläche. Anschließend die Bananenblätter mit
der Chilipaste dünn bestreichen.

Die Fischstücke mit der Marinade bepinseln und je ein Stück auf
ein Bananenblatt legen. Basilikum und Limonenblätter obenauf
legen und das Blatt wie ein Paket einschlagen. Alle 4 Pakete auf
ein Backblech oder in eine Form geben und im vorgeheizten
Backofen auf der mittleren Schiene etwa 20 Minuten garen.

2 Zweige Limonenblätter (Asienladen)

2 Zweige Thai-Basilikum (Asienladen)

400 g Red-Snapper-Filet

80 ml Kokosmilch

1–2 Teelöffel rote Currypaste (Asienladen)

2 Teelöffel Fischsoße

½ Teelöffel Zucker

1 Bananenblatt (Asienladen)

1–2 Teelöffel Chilipaste

DESSERTS

TARTE TATIN

Apfeltarte mit Nüssen und Calvados

Mehl und Salz in eine Schüssel geben, die Butter in kleinen Stücken darüber verteilen und alles mit den Fingern schnell zu einem Teig verarbeiten. 50-70 ml Wasser hinzufügen, so dass ein glatter aber nicht zu weicher Teig entsteht. Diesen dann mindestens ½ Stunde ruhen lassen. Die Rosinen waschen und in Calvados ebenfalls ½ Stunde einweichen.

Den Backofen auf 200 °C vorheizen.

Die Zitrone auspressen. Äpfel schälen, halbieren und die Kerngehäuse entfernen. Die Apfelhälften zu Fächern aufschneiden und mit dem Zitronensaft beträufeln. Den Zucker in einem Topf mit 2-3 Esslöffel Wasser karamellisieren lassen. Die Walnusskerne in grobe Stücke hacken.

Eine Tarte-Form (28 cm Ø) mit etwas Butter einfetten, die Karamellmasse in die Form geben und die Äpfel darauf legen. Die Rosinen abgießen und mit den Walnüssen zwischen den Äpfeln verteilen. Mit dem Zimt bestäuben und ein paar Butterflöckchen darauf verteilen. Den Teig dünn ausrollen und auf die Äpfel legen, so dass diese völlig bedeckt sind.

Im vorgeheizten Backofen ca. 30-40 Minuten auf der mittleren Schiene backen, dann herausnehmen und auf eine Platte stürzen.

Die Tarte schmeckt warm oder kalt mit etwas Crème fraîche oder Sahne.

200 g Mehl

1 Prise Salz

125 g Butter, kalt

50 g Rosinen

100 ml Calvados

½ Zitrone, unbehandelt

5 große säuerliche Äpfel, z.B. Boskop

100 g brauner Zucker

30 g Walnusskerne

Butter für die Form

1 Teelöffel Zimt

40 g Butter

GRATINIERTES APFELDESSERT

Mit Sahne, Ei und Calvados überbacken

4 große, mürbe Äpfel, z.B. Boskop

6 Eier

100 ml süße Sahne

1 Zitrone, unbehandelt

100 g Zucker

1 Zimtstange

1 Esslöffel Vanillezucker

Zimt

1 Teelöffel Calvados

20 g Puderzucker

Den Backofen auf 250 °C vorheizen.

Äpfel waschen, schälen, vierteln und Kerngehäuse entfernen. Die Eier trennen, 2 Eiweiße zu Schnee und die Sahne steif schlagen. Die Zitrone waschen und dünn schälen. 150 ml Wasser zum Kochen bringen und den Zucker darin auflösen. Äpfel, Zimtstange und Zitronenschale hineingeben und die Äpfel bissfest garen. Nun die Äpfel, die Zitronenschale und die Zimtstange herausnehmen und den Sud etwas abkühlen lassen.

Die Eigelbe, 3 Esslöffel des Apfel-Kochsuds, den Vanillezucker und eine Prise Zimt zu einer schaumigen Creme schlagen. Die Sahne und den Eischnee unterheben und mit dem Calvados parfümieren. Die Apfelviertel jeweils in 3 Scheiben schneiden und eine Quicheform (28 cm Ø) damit auslegen. Die Creme über die Äpfel geben und mit Puderzucker bestäuben.

Im vorgeheizten Backofen auf der oberen Schiene 10 Minuten gratinieren.

REIS-KOKOS-AUFLAUF

Mit Schattenmorellen und Mandelsplitter

1 Glas Schattenmorellen,
350 g Abtropfgewicht

1 Orange, unbehandelt

½ Zitrone, unbehandelt

4 Eier

½ l Kokosmilch

150 g Zucker

100 g Rundkornreis

80 g Mandelsplitter

50 g Kokosflocken

Butter für die Form

100 g Butter

1 Messerspitze Backpulver

Für die Kirschsoße:

1 Glas Schattenmorellen,
350 g Abtropfgewicht

80 g Zucker

1 Vanilleschote

Den Backofen auf 170° C vorheizen.

Kirschen in einem Sieb abtropfen lassen. Die Orange und die Zitrone heiß abwaschen, abtrocknen und die Schale abreiben. Die Eier trennen. Kokosmilch, 50 g Zucker, Orangen- und Zitronenschale zusammen aufkochen. Den Reis dazugeben, nochmals aufkochen und 15 Minuten ausquellen lassen. Den Kokosreis abkühlen lassen. Mandelsplitter und Kokosflocken in einer Pfanne ohne Fett rösten. Eine ofenfeste Form (2 ½ l) buttern. Das Eiweiß mit 50 g Zucker zu steifem Schnee schlagen. Butter und restlichen Zucker schaumig schlagen und das Eigelb mit dem Backpulver unterrühren. Den Reis mit der Buttermasse verrühren und den Eischnee vorsichtig unterheben.

Die Hälfte der Reismasse in die Form füllen, die Kirschen darauf verteilen und mit dem restlichen Kokosreis bedecken. Im vorgeheizten Backofen auf der unteren Schiene etwa 45 Minuten backen.

Auf Tellern mit den Mandelsplittern und den Kokosraspeln bestreut servieren.

Dazu schmeckt eine Kirschsoße gut

Dafür Schattenmorellen und Kirschsaft mit Zucker und Vanillemark 10 Minuten köcheln lassen. Mit einem Stabmixer pürieren und durch ein Sieb passieren.

QUARKAUFLAUF MIT ORANGEN

Karamellisiert mit Ingwer und Rosmarin

Den Backofen auf 180 °C vorheizen.

Die Vanilleschote halbieren und mit einem Messer das Mark herauskratzen. Die Eier trennen und die Eiweiße mit 80 g Zucker zu einem steifen Schnee schlagen. Eine Orange abwaschen, abtrocknen und die Schale abreiben. Die Orange auspressen. Eine ofenfeste Form (1½ l) buttern und mit 1–2 Esslöffel Zucker ausstreuen. Den Quark mit 80 g Puderzucker, der Orangenschale, den Eigelben und 1 Esslöffel Stärke verrühren. Eischnee vorsichtig unter den Quark heben und alles in die Form geben. Diese im Wasserbad im vorgeheizten Backofen auf der unteren Schiene ca. 35 Minuten backen.

Die Orangen filetieren, den Ingwer schälen und reiben. Den Rosmarinzweig waschen und trockentupfen. In einer Pfanne den restlichen Zucker karamellisieren lassen. Den Ingwer sowie den Rosmarinzweig dazugeben und mit dem Orangensaft ablöschen. Den Karamell unter Rühren aufkochen lassen und dann den Rosmarinzweig entfernen. Die heiße Soße über die Orangenfilets gießen und abkühlen lassen.

Den Quarkauflauf mit den Orangen und der Soße auf Tellern mit dem restlichen Puderzucker bestäubt servieren.

1 Vanilleschote

4 Eier

140 g Zucker

7 Orangen, unbehandelt

Butter für die Form

400 g Quark, 20 % Fett

90 g Puderzucker

1 Esslöffel Speisestärke

5 – 10 g frische Ingwerwurzel

1 Zweig Rosmarin

¼ l Orangensaft

GEBACKENE BIRNEN

Mit Marsala und Zimt

2 Zimtstangen

6 Birnen à ca. 200 g

4 Esslöffel Butter, zimmerwarm

70 g brauner Zucker

180 ml Marsala

50 ml Weißwein

100 g Crème fraîche

Alufolie

Den Backofen auf 180 °C vorheizen.

Zimtstangen in grobe Stücke brechen. Die Birnen waschen und abtrocknen. Von jeder Birne am dickeren, runden Ende eine Scheibe abschneiden und das Kerngehäuse herausschneiden. Die Birnen mit etwas Butter bestreichen und aufrecht in eine ofenfeste Form setzen. Mit dem Zucker bestäuben und Marsala und Weißwein in die Form geben. Den Zimt über den Birnen verteilen und die Form lose mit Alufolie verschließen. Im vorgeheizten Backofen ca. 30 Minuten backen.

Die Folie entfernen und die Hitze auf 150 °C reduzieren. Weitere 30 Minuten backen, bis die Birnen weich sind.

Die Birnen mit etwas Crème fraîche und dem in der Form entstandenen Saft servieren.

FEIGENBROT

Eine kroatische Spezialität mit Walnüssen und Obstler

Den Backofen auf 130 °C vorheizen.

Feigen in der Küchenmaschine zerkleinern. Walnüsse hacken und mit den Feigen vermischen. So viel Obstler zu der Feigenmasse geben, dass sich daraus kleine Laibe formen lassen. Diese auf ein mit Backpapier ausgelegtes Backblech setzen und im warmen Backofen 20–30 Minuten trocknen lassen.

Die abgekühlten Feigenbrote mit Fenchelsamen oder Lorbeerblättern garnieren.

Feigenbrot schmeckt besonders gut zu türkischem Mokka, einem Espresso oder einem Gläschen Obstler.

1 kg getrocknete Feigen

250 g Walnüsse

2–4 cl Obstler

Fenchelsamen oder Lorbeerblätter zur Dekoration

Backpapier

MANDELPUDDING MIT VANILLESOSSE

Ein kaltes oder warmes Dessert

Den Backofen auf 180 °C vorheizen.

Eier trennen und das Eiweiß steif schlagen. Die Schokolade im Wasserbad schmelzen. Löffelbiskuit zerbröseln. 75 g Butter, den Puderzucker und das gesamte Eigelb schaumig rühren. Die Mandeln, die Biskuitbrösel und die Schokolade unter die Butter-Zucker-Ei-Masse rühren. Den Eischnee vorsichtig unterziehen.

Ofenfeste Förmchen oder Tassen mit der restlichen Butter einfetten und mit Zucker ausstreuen. Zu ²/₃ mit der Mandelmasse füllen. Die Förmchen in eine Fettpfanne oder in eine Auflaufform stellen und warmes Wasser angießen, bis sie zur Hälfte im Wasser stehen. Im vorgeheizten Backofen auf der unteren Schiene ca. 30 Minuten garen. Mit der Vanillesoße servieren.

Vanillesoße

Die Vanilleschote längs aufschlitzen und mit dem Messerrücken das Mark auskratzen. Sahne, Milch und Vanillemark zum Kochen bringen. 1 Esslöffel Zucker mit den Eigelben und der Speisestärke verrühren, in die kochende Milch geben und einmal aufkochen lassen. Die Soße durch ein Sieb geben und abkühlen lassen.

5 Eier

75 g Schokolade, zartbitter

50 g Löffelbiskuit

90 g Butter, zimmerwarm

50 g Puderzucker

75 g geriebene Mandeln

2 Esslöffel Zucker

Für die Vanillesoße:

1 Vanilleschote

200 ml süße Sahne

500 ml Milch

1 Esslöffel Zucker

5 Eigelb

1 Teelöffel Speisestärke

QUARK-SEMMEL-AUFLAUF

Mit Äpfeln und Rosinen

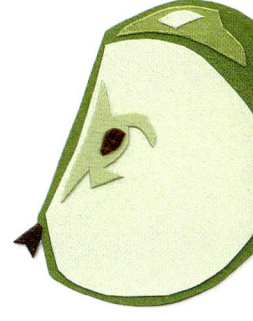

Den Backofen auf 220 °C vorheizen.

Die Äpfel waschen, schälen, achteln und entkernen. 1 Ei trennen und das Eiweiß zu Schnee schlagen. Die Semmeln in dünne Scheiben schneiden und in der Hälfte der Milch 10–15 Minuten einweichen. Rosinen waschen.

Den Quark mit der restlichen Milch, 3 Eiern und dem verbliebenen Eigelb glatt rühren, die eingeweichten Semmelscheiben und die Rosinen dazugeben. Die Apfelstücke in 150 ml Wasser und 2 Esslöffel Rum nicht ganz weich dünsten und eventuell mit dem Zucker süßen. Eine Auflaufform mit Butter fetten, die Hälfte der Quark-Semmel-Masse einfüllen und darauf die Äpfel geben. Die restliche Quarkmischung darüber verteilen. Geschlagenen Eischnee und ein paar Butterflöckchen obenauf geben und im vorgeheizten Backofen auf der unteren Schiene 30–35 Minuten goldbraun backen.

½ kg Äpfel, z.B. Boskop

4 Eier

3 Semmeln, altbacken

⅛ l Milch

50 g Rosinen

250 g Quark, 40% Fett

2 Esslöffel Rum oder Cognac

evtl. 2 Teelöffel Zucker

Butter für die Form

30 g Butter

APRIKOSENROULADE

Lockerer Biskuit mit Mandeln und Brandy

Den Backofen auf 190 °C vorheizen.

Eier trennen. Die Mandelblättchen in einer Pfanne ohne Fett leicht anrösten. Zitrone waschen, abtrocknen und die Schale abreiben.

Das Eiweiß mit einer Prise Salz zu einem schnittfesten Schnee schlagen. Das Eigelb mit dem Zucker schaumig rühren und vorsichtig mit dem Eischnee vermischen. Mehl, Speisestärke und Backpulver darüber sieben und mit der abgeriebenen Zitronenschale unter die Eimischung heben. Die Biskuitmasse auf ein mit Backpapier ausgelegtes Blech streichen und im vorgeheizten Backofen auf der mittleren Schiene 12–15 Minuten backen, bis sie eine goldgelbe Farbe angenommen hat. Die Biskuitplatte auf ein Küchenhandtuch stürzen und das Backpapier abziehen.

Die Aprikosenmarmelade mit dem Brandy verrühren, auf die Teigplatte streichen und mit der Hälfte der gerösteten Mandelblättchen bestreuen. Den Biskuit mit Hilfe des Handtuchs aufrollen. Die Sahne mit Vanillezucker und Sahnesteif sehr fest schlagen und über die gut ausgekühlte Rolle streichen. Mit den restlichen Mandelblättchen bestreut servieren.

4 Eier

250 g Mandelblättchen

1 Zitrone, unbehandelt

Salz

125 g Zucker

75 g Mehl

50 g Speisestärke

1 gestrichener Teelöffel Backpulver

4–5 Esslöffel Aprikosenmarmelade

2–3 Esslöffel Apricot-Brandy

500 ml süße Sahne

1 Tütchen Vanillezucker

1 Tütchen Sahnesteif

Backpapier

GRIESSAUFLAUF

Mit Aprikosen-Orangen-Kompott

Den Backofen auf 190 °C vorheizen.

Die Orange waschen, abtrocknen und die Schale abreiben. Die Eier trennen und 4 ofenfeste Förmchen (à 250 ml) buttern und zuckern. Die Milch mit 70 g Zucker und der Orangenschale aufkochen. Den Grieß einrühren und ca. 2 Minuten köcheln lassen. Den Grießbrei abkühlen lassen und dann die Eigelbe unterrühren. Das Eiweiß mit 50 g Zucker zu einem steifen Schnee schlagen und vorsichtig unter den Grieß heben. Diesen in die Förmchen füllen und im vorgeheizten Backofen auf der mittleren Schiene ca. 30 Minuten backen.

Aprikosen waschen, entsteinen und vierteln. Die Vanilleschote halbieren und das Mark mit einem Messer auskratzen. Den restlichen Zucker in einer Pfanne karamellisieren, das Vanille-mark zugeben und mit dem Orangensaft ablöschen. Den Kara-mell aufkochen, bis er sich gelöst hat, und die Aprikosen kurz darin garen.

Das Aprikosenkompott auf Tellern verteilen und den Grieß-auflauf darauf stürzen.

1 Orange, unbehandelt

3 Eier

Butter und Zucker für die Förmchen

½ l Milch

220 g Zucker

100 g Grieß

8 Aprikosen

1 Vanilleschote

⅛ l Orangensaft

REZEPTREGISTER

Alle Rezepte für 4 Personen

TIPPS

ORANGE DESSERTKIRSCHE ROTBARSCH BIRNE TOMATEN THYMIAN SCHINKEN APRIKOSEN

SALBEI UNION JACK FLEISCHGABEL KNOBLAUCH

LACHS PAPRIKA

FEDER KAPERN GUINNESS OFEN

AUBERGINE PFEFFERMÜHLE BIENE TELLER

WACHOLDER KÄSESTANGEN ROTE BETE HANDSCHUH

ROSMARIN APFEL

LORBEER WEISSBROT

HONIG THUNFISCH LAMMKOTELETTS CHAMPIGNONS

STEINPILZE MÖHRE MIESMUSCHELN MAKKARONI

LÖFFEL ESTRAGON KÄSE

AUSTERNPILZE BASILIKUM

NUDELHOLZ MORCHELN

LAUCH QUICHE KÖRNERBROT GARNELE

HUHN

OLIVEN SCHATTENMORELLEN

SPECK SOUFFLE

WALNÜSSE FENCHEL PINIENKERNE

BANANENBLATT

94

Wir danken Alfred Biolek von Herzen, ohne den es die Sendereihe
„alfredissimo! Kochen mit Bio" und dieses „Aus dem Ofen"-Buch nicht gäbe.

VERLAG   © Pabel-Moewig Verlag KG, Rastatt
Printed in Germany
ISBN 3-8118-1760-4
www.MOEWIG.de

Die Ratschläge in diesem Buch wurden von Autoren und
Verlag sorgfältig erwogen und geprüft. Dennoch kann eine
Garantie nicht übernommen werden. Eine Haftung der Autoren
bzw. des Verlags für Personen-, Sach- und Vermögensschäden
ist ausgeschlossen.

KONZEPTION   Hilde Müller

BUCHGESTALTUNG & ILLUSTRATIONEN   Thomas von den Driesch, Barbara Halcour

REDAKTION   Maren Dittgen, Bernd von Fehrn, Hilde Müller, Eng Philipp

KOORDINATION   CPA! Communications- und Projektagentur GmbH, Wiesbaden

„alfredissimo! Kochen mit Bio"
Eine Sendung des WDR, hergestellt von der Pro GmbH, Köln.